JN089546

中国人の苦楽観

その理想と処世術

李振綱●著
日中翻訳学院●監訳
日中翻訳学院 福田櫻など●訳

日本僑報社

目次

序文

苦楽が相半ばするのが人生である

苦楽とは生死と同じようなものであり、人生という旅の中で、己に終始ついてくる基本的な矛盾である。生とは苦痛の中に楽しみを求めるものであり、死とはすなわち苦しみと楽しみの終わりを意味する。人々は死後の楽しみは生きている時の苦痛がない事と同じようだと想像し、あれこれと空想するが、それらは情理からかけ離れている。孔子曰く「未だ生を知らず、焉んぞ死を知らん」であり、人々は反対に生き生きとした人生の現実から離れて、死後の世界のことを考える。我々は「未だ苦を知らず、焉んぞ楽しみを知らん」、苦しみを離れて楽しみの真の意味など知りようがないと言えるだろう。

苦しみと楽しみは人生の二色の相補い合う色彩として、等しく客観的な現実である。もし苦しみが病気の苦痛と精神の悩み、煩いであると言うならば、楽しみはすなわち健康と精神の安寧を指す。肉体的な楽しみと苦しみは主に物質的な条件の良しあしによって決まる。一般的に言って、社会が進歩すればするほど、科学技術が発展すればするほど、物質的な富は豊かになり、肉体的苦痛はより少なくなる。しかし人の精神的苦痛と楽しさは、客観的な条件の状況によっては直接決まらない。言い換えると、人類の精神的な楽しみは社会の進歩、科学技術の発展、物質的豊かさの増大とは決して比例しないのである。必要な物質的条件を除いて、人が精神的な幸福を得れるかどうかという問題には、やはり合理的な人生観、良い精神の修養と卓越した生活技術が必要である。

現代人の生活は昔の人々に比べて必ずしもより合理的だろうか。今の人々は昔に比べてより多くの幸福を享受しているだろうか。いにしえの人々の生きてゆく知恵は現代社会においてすでに無価値なものであるのか、それともやはりそれは現代人の生活の質の向上にとって有益となりえるだろうか。これはまさに本書が答えようと努めた問題である。しかしこの種の「答え」は筆者の言葉をもって答えるものではなく、古人に「その身をもって語って」もらうものである。昔の人々の知恵をもって現代人の精神を啓発し、現代人の生活をさらに理にかなったものにするものである。

ある先覚者の言葉によると、「天国」には楽しみだけがあり、苦しみはないという。「地獄」には苦しみだけがあり、楽しみはないという。しかしそれは結局天国と地獄であり、我々のこの世とは関りがなく、検証のしようがない。我々は身をもって肉体的な苦痛と精神的な悩みを経験し、肉体的な喜びと精神的な楽しみもまた感じてきたので、人間にはただ苦しみがあり、喜びもあることを知っている。

仏教哲学は「四諦」、つまり苦、集、滅、道の四つの神聖な真理を説く。苦諦とは人生が作り出す「苦」の基本的な価値判断である。集諦は苦の原因を追究する。滅諦は苦を捨て楽を得るための解脱という目標を考案する。そして道諦は涅槃の境涯へ達するための方法を提示する。四諦の意義は主に仏教の人生からの解脱についての基本的な教義を概括する。「滅」諦が語る死後の涅槃の境涯が本当にそれほど心静かで、爽やかな、満ち足りたものなのか、いたるところに蓮の花の香りがあふれているものなのか、我々がわからないことは言うまでもない。我々はそこへ行ったことがないのだから、疑問のままにしておくより他ない。我々は軽率に「八正道」が我々の魂を彼岸の世界に渡してくれるのかを言い切るのもよくない。しかしながらある一点ははっきりしている。それは仏教が人生の苦についての基本的な判断と苦に対する原因の分析について、人生の現実の実情をある程度反映しているということである。「苦諦」の理解に基づくと、人生の本質はほかでもなく苦痛を感じることである。この苦は肉体的な病苦に悩むことだけでなく、人の精神状態が片時の安寧も得難いこと、たえず妄念に惑わされ苛まれることを強調する。無常という観点から見ると、人の肉体は生まれ、老い、病気になり、死ぬという苦を延々と続けている。人間本来の性質は限りない欲であり、永久に安寧を得難い。目まぐるしい世界で、不変に存在するものはなく、個人とは途方もない数の中の一つの砂粒のようなものであり、広々として果てない苦しみの海の中で生まれ死に、苦が多く喜びは少ない。仏教は一般的に苦を以下の八種類に帰する。

一に曰く生きる苦しみ。胎児は地獄のように暗い母親の腹の中で十カ月を過ごし、母親が熱湯を飲めば胎児は滾った油を注がれたようであり、母親が冷たい空気を吸えば寒さが骨身にしみる。生まれる時は外界に皮膚が触れ、刀で切られ針で刺されるようだ。生きる苦しみは他にもいくらでもある。

二に曰く老いる苦しみ。人生、世間では瞬く間に百年が過ぎてゆく。人は老年に至って髪が白くなり歯は抜け落ち、五感は働かなくなり、頭の働きは鈍くなり、目先のことしか考えられなくなり、その悲しみ、痛ましさは言葉にならない。

三に曰く病の苦しみ。人は穀物を食べるので、病気にかかるのを避けがたい。小さな病であれば床に伏し、大きな病であれば断腸の思いだ。病気になって久しい体は柴のように痩せ細り骨ばり、心の病が長引けば気が沈み込み悲痛である。

四に曰く死の苦しみ。命とは無常であり、死期に至って終わる。寿命の尽きる時、全身がバラバラになり、痰で塞がってしまい息苦しく、誰も救うことができない。死ぬ間際に息を吹き返し、一時的に意識がはっきりして、親しい人がぼんやりと見え、心の痛みもひとしおである。そしてまさに臨終に至って、ふと、悪道の化け物が迫ってくるのが聞こえ、とても不気味である。

これら生、老、病、死の苦しみは主に肉体の苦しみを指し、その他に三種類の精神的な苦しみがある。

一に曰く愛する人との離別の苦しみ。人は常に自分の好きな人と一緒にいるのを好むもので、いつまでも離れない。しかし世間は無常であり、美しい景色も永遠には続かない。男女の愛は花の前、月の下（男女の逢引の場所を指す）に、水のようにしとやかな心であり別れがたいものであるが、突然の相手との死別によって引き裂かれる。仲睦まじいことの象徴であるオシドリも一羽残され一人ぼっちとなって悲しく鳴き、一生涯の恨みとなる。

二に曰く恨み憎む苦しみ。恨みつらみのある相手とは不思議とよく出会うものだ。人はいつでも自分の嫌いな人とは一緒にいたくないものだ。しかし運命はタイミングよく人をからかう。二人の性格が異なっていて火と水のように合わない仲なのははっきりしているのに、折悪しく一緒になってしまうものだ。矛盾し、対立し合い、思い悩むことははなはだしい。

三に曰く求めるものが得られない苦しみ。生きている間欲望にはきりがなく、満足することを知らず、心は落ち着かない。一つを手に入れられず苦しみ、得た後は他の欲が生じ、かつ求めるものはだんだんと贅沢になり、苦はますます深くなる。

最後の苦は人間の心、体を形成する五つの要素から生じる苦しみである。五陰盛苦、または五蘊盛苦ともいわれる。五蘊とは大人の体と心の五種類の要素を言い、色、受、想、行、識のことである。「五蘊」は人の体と心が集中し、一切の苦しみが集まるところで、世間においては輪廻流転を避けがたく、安息を得られない。

仏教は人生の多くの苦しみの根源は欲にかられる心（貪）、恨み憎む心（瞋）と知恵や学がないため物事の道理を理解できない愚かさ（痴）に由来すると考える。輪廻の苦から抜け出し、人生という苦海の中を超えてゆく必要があり、お経の説く真理に照らして俗世間を超越し、俗世間を看破し、六根を断ち、騒がしい世界を離れる必要がある。

仏教の人生に対する苦の見方は全く道理から外れているという訳でもない。しかし仏教がいう解脱への道はあまりにも寂しいものであり、ひどく非人間的な傾向がある。想像してみてほしい。人が一旦生きる意志をなくしたら、非人間的になってしまう。人が一旦自分の人間性を完全に否定したら、もちろん人間の持つ苦を語ることはないだろう。しかしその代償は重いものだ。苦を感じない人は幸福と楽しさも味わうことはできない。現実の人生の方法を否定し、来世の幸せに替える仏教は、多くの俗人にとっては割に合わないということがわかる。

人々が現実の世界に未練を持つのは、人間が「苦難」の一面を除いて、なお幸福と喜びがあるからである。そこで仏教における世俗超越主義の哲学の他に、聖人が作り上げたもう一つの実社会に飛び込んでゆく考えの哲学がある。それが儒家の人生哲学である。非常に冷ややかな仏教の悲観主義とは異なり、儒家の人生に対する基本的な見方はやさしく篤実な楽観主義である。儒家の第一の経典である「論語」を開いてみると、第一段の「子曰く」はすべて楽しみと楽しみに関することが述べられている。

学而編にはこうある。「学ぶことを続け常に復習する。なんと愉快なことではないか。突然、友人が遠い遠いところから訪ねてきてくれる。懐かしくて心が温かくなるではないか。世間に私の能力を見る目がないとしても、耐えて怒らない。それが教養人というものだ」（『論語』加地伸行、講談社）

孔子から見ると、君子（教養人）は天を恨まず人を咎めない。また孔子は「仁者は楽しみ、智者は命長し」とも語り、人を愛す人は必ず愉快であり、知恵のある人は必ず天寿のままにつつがなく生きると考えていた。孔子は繰り返し弟子たちに、父母には「孝」、年長者には「悌」、人には「忠」、友人には「信」に拠って相対し、行いはすぐに実践し、身を捧げ世に立つには天の道を求め、道徳を根底にして、人の道（仁）を身につけ、学芸の世界を楽しむ（『論語』加地伸行、講談社）ものだと戒めた。至る所に世事に対する配慮、人倫に対する真心及び現実の人生に対する楽観主義が表れている。

孔子は人生の楽しみと物質的な豊かさは比例しないと考えていた。孔子は「粗食であり飲むものは水、肱《ひじ》を曲げて枕として寝る。そのような質素な生活の中に、楽しみがある。不当なことをして得るような財産や高位は、私にとっては雲のようになんの関係もない」（『論語』加地伸行、講談社）と語る。孔子からすると、道徳ができてはじめて人は本当の楽しみを得ることができるのだ。道徳とは人にとって一種の内在的な価値であり、財産が増えることには拠らず、貧しさと財産が減ることにも拠らない。そのため君子は道を憂え、貧しさを憂うことはない。孔子の弟子の中にこの点に秀でた顔回という弟子がおり、孔子の評価は高かった。「聡明である、顔回は。その食物はわずか、飲み物もわずか、そして貧乏な裏町暮らし。普通の人ならとてもそのつらさに耐えられない。ところが、顔回は、そこにある楽しみを改めない」（『論語』加地伸行、講談社）。この貧しさに安住して道を楽しむ精神的境地は、後世の儒家たちが興味深げに話した「孔顔楽拠」（自信があふれ出る処世態度と人生の境涯を指す）である。その実「一箪の食」（わずかな食べ物）、「一瓢の飲」（わずかな飲み物）は少しも楽しいものではなく、「貧」はさらに愉快なものではない。孔子は顔回が貧賤によらず、楽観的な向上心を変えないことをほめたたえたのである。ちょうどこの道徳の境地は人の生活を低俗な趣味から遠ざけ、崇高で充実したものに変えるのである。またこの境涯は人の気持ちを楽しみで気持ちよくさせ、心持ちを清らかにし、二度と生活の中の名利得失で悩まないようにする。

孔子も生まれたものは必ず死ぬことを知っていたが、しかし孔子はどのように「生」をより有意義にするかということに、より関心を持っていた。一度弟子が孔子に、「死とはどういうことか」と尋ねた。すると孔子は「まだもし生の意味・意義についてちゃんと理解できていないでいるならば、どうして死の意味・意義についてきちんと理解することができようか」と答えた。孔子にとって人の最も重要なことは「生」をどのように有意義に過ごすか、価値ある生き様をするかであり、死後のことは必ずしも考える必要がなかった。その生をその義に尽くしてはじめてやっと死所を得ることができる。このような生死の見解があれば、人は死期がやってきても悩み煩うことはないだろう。『論語』に葉公が子路に孔子とはどのような人かと尋ねた時、子路は答えなかったという場面がある。その後孔子は何故葉公に「その人柄は（人間のありかたを求めて）発憤して努力し続け飲食も忘れるくらいである一方、その得た境地を楽しんで現実の憂いを忘れる日々であります。そのような生きかたが若いときから続き、老境に至ろうとしていることも気づかないでおります」と告げなかったのかと言った。この「老境に至ろうとしていることも気づかないでおります」という言葉は、孔子の生活に対する最大限の楽観と自信を表している。考えてみてほしい。人がもし死さえみな忘れ去ったら、他になんの思い悩むことがあって超越できないでいるだろうか。

儒家の楽天的な人生態度とその「知命」は無関係ではない。「命」とはすなわち人の力では変えようのない客観的な必然性と偶然性の総合である。孔子は「五十にして天命を知る」、また「自分に与えられた運命を覚らない者は、教養人たりえない」とも言っている。何をもってこのように語ったのだろうか。孔子の「義」に対する理解によると、道徳行為と正義の行為は一種の内在的な善である。一人がやるべきことをやり、純然と道徳上正しいことで、道徳の他に何も考えない。一人の人がこのようにやることを「何の野心も持たずにやる」という。孔子はかつてある隠者に「無理と知りながらやろうとする」とそしられた。すると孔子の弟子は隠者に、「君子（教養人）が出仕しようとするのは君臣の大倫理を行わんがためである。乱世のため道義が行われていないのは重々承知の上である」（『論語』加地伸行、講談社）と言った。孔子の一生はまさにこのような行いの手本だった。孔子は一生諸国を周遊し、周代の倫理秩序の回復のために努力した。孔子自身おそらく成功しないことをよくわかっていたが、やはり自分の理想をあきらめなかった。孔子からすると「世に道義が行われるのも、廃れるのももともに天命（命）である」ということだった。「命」とは運命である。すなわち天命あるいは天意のことを指した。後世の儒家は「命」を一切の存在の条件と作用と考えた。我々の行動が成功するためには、常に客観的条件との一致が必要である。しかし外部条件を我々のために用いることができるかどうかは、我々の力の及ばない範囲のことである。よって我々が行動をできるかどうかは、我々がするべき一切のことに向かって一心不乱に力を尽くすより他ない。結果についてはあれこれ思いめぐらすには及ばず、いろいろと思ったところでどうしようもないことである。この様にすることが、つまり「知命（命を知る）」と呼ばれることである。ひとりの「知命」人は自分の力の範囲でただ力を尽くし、行為の結果に至ってはすべて運命の采配として服する。もし我々がこの点を成し遂げれば、なにがしかの意義において、我々は永遠に失敗せずにすむだろう。我々はすべき義務に力を尽くした以上はたとえ目的を達したとしても、このことと我々の行為の外在する結果とは少しも関係ない。このように行った結果、我々は久しく得失について思い煩わず、永遠に楽しい。よって孔子は「賢人は迷わない。人格者は心静かである。勇者は恐れない」と述べた。

儒家の楽観主義的人生哲学はまた、人に対する倫理と情誼（よしみ）にも配慮している。古代社会では、人の社会関係を人倫と言った。人々は相互の関係を扱うとき、倫理という規範に従った。人の社会関係は多くの場合があり、最も基本的な社会関係は父子、君臣、夫婦、長幼（年長者と年少者）、友人の「五倫」があった。

社会の関係性の中で、人々は互いに倫理と義務を尽くし、倫理と情誼を築き上げる。そして人々は倫理情誼の中にあって、普遍的な思いやりを感じ、一人が楽しめばその楽しみをみんなで分かち合い、その楽しみはますます広がってゆく。一人が憂えばみながその憂えを分かち合い、憂いても悲しまない。このような倫理と情誼があって、中国人はたとえ劣悪な生活下であってもなお、人生の喜びを感じることができた。孔子は「鳥獣とともに暮らすことはできない。私がこの世の人とともに生きてゆくことをしないで、誰とともに生きてゆくのか」（『論語』加地伸行、講談社）と語っている。よって人間の中で生活してはじめて人の尊さや喜びを、身をもって知ることができる。ある時、孔子とその他の弟子たちがともに自分の理想を心おきなく話し合っていた。子路、冉有、公西華はみな国家の役人となり、政治に関わりたいと語った。すると琴を弾いていた曽点は琴を放り出して、自分の理想を語った。「春も末のころ、新しい春服を着て、成人が五、六人、童子が六、七人、打ちつれて沂水へ行き、そこで顔や手を清め、舞雩、あの雨乞い壇に上って春風に吹かれつつ遊び、日暮れのころ、歌を唱いつつ家路につきたいと思う」。孔子は称賛しながら言った。「私はお前の気持ちと同じだ」（『論語』加地伸行、講談社）。考えてみてほしい。うららかな春の三月に、軽装で、五、六人の成人と六、七人の天真爛漫で元気な子どもたちを連れて春に遊び、沂水で水浴びをし、舞雩台に上り風に吹かれ、そして歌いながら帰ってくる。なんと楽しい場面だろう。孔子は決して政治に関わることを馬鹿にしたわけではなく、名利に淡泊であることを良しとし、人々とともに人倫を喜びとする人生の価値を享受することを選んだのだ。もし五倫を減らすとすれば、君臣の関係を捨て、友人との関係を捨てる。父子、夫婦、長幼は血縁をもってつくられる基本的な「天倫」だからである。人々の生活は自分の家庭の中でともに働き、一緒に生活し、お互いをいたわり助け合い、天倫の喜びをともに享受する。それが中国古代の儒家があこがれた、人生の喜びを享受する独特な方法だ。

中国の儒家の人生哲学にはまださらに高尚な喜びがある。それは「同天」の喜びである。「同天」とは相応の精神修養を通して、自我の限界を超え、「天人合一」の境地に達することを指す。それによって長幼の上下と天地は同流であり、究極的な思いやりを得ることができる。この究極的な思いやりがあるので、人は絶対的な心の自由と幸福を得る。孟子は真っ先にこの思想を提唱した。孟子が言うには、「孟子曰く、萬物皆我に備はる。身に反して誠なれば、楽、焉より大なるは莫し。強恕して行ふ、仁に求むること焉より近きは莫し、と。孟子曰く、其の心を盡す者は、その性を知るなり。その性を知れば、則ち天を知る。其の心を存し、其の性を養ふは、天に事ふる所以なり。夭寿貳はず、身を修めて以て之を俟つは、命を立つる所以なり、と」（『新釈漢文大系4　孟子』明治書院）。

文字は少ないが、かえって孟子の道徳理想主義は「人の性と天の道」がこの二段の非常に重要な話に基づいて打ち立てられているのがわかる。孟子から見ると、人の道とは当然天の道の必然性からきている。孟子の言う天とは道徳的宇宙であり、天は人の道である善の先天的必然的な形によっている。人の性と天道は本質的には一致しているので、人の性もまた円満具足である。切実な自省を通して自己の良心と本心を内省し、目を閉じ天命の所在を探り、直感できる。人の心と天の心が一致する「誠」の、究極的な理論を述べ体現する境地に達し、それによって人生意義の絶対的な帰属を探し当てることができる。意義の帰属を探し当てた後は安心立命の地も見つけることができる。このように、人の一切は「事天」の意義を有しており、個人の命運は天命の流れてゆくところとなる。この種の精神的自覚があって、人は現実の中の貧富の差、夭折を心安らかに理解することができる。したがって何処へ行っても楽しくいられる。故に、「身に反して誠なれば、楽しみ焉より大なるは莫し」と言う。ここにおいて、考えを持ち性を養い、初めて天に仕え、長寿短命に関わらず一心不乱に身を修め性を養い、安心立命の境地に立つ。天を知り天に仕え、「楽天」、「同天」に至り、相対的に有限の人生価値を、絶対的で無限の天道の超越面まで昇格させる。この「昇格」は人に現実の思い煩いを超越させ、精神の充実と安らかさを得させる。これが哲学家の喜びである。

宋明時代の理学家はみなこの「同天」の喜びを体験していた。理学家は哲学に一生を捧げた人であり、哲学の喜びについて深く理解していた。理学家たちは哲学の使命を理解し、張載は四句の言葉でまとめている。

天地の為に心を立て
生民の為に命を立て
往聖の為に絶学を継ぎ
万世の為に太平を開く

この四つの箴言は理学の根本的な趣旨と見ることができる。いわゆる「天地の為に心を立て」は哲学家の天地の間における地位と責任について述べている。本来天地は無心であり、人の心は天地の心である。哲学家は天地のために心を立て、宇宙の間の必然性と万物の存在意義に最大限の理解を加える。「生民の為に命を立て」は、人が考える安心立命（人力を尽くしてその身を天命に任せ、どんな場合にも動じないこと）の道の問題について語っている。すなわち人の性と自由、幸福の問題である。「往聖の為に絶学を継ぎ」は哲学家が肩に負う文化的な使命について語っている。「万世の為に太平を開く」は哲学家の人の道と人類の未来に対する責任を語る。理学の核心的問題は人の性と幸福である。理学の目的は人が様々な対立場面で（その対立を）統一させることである。この統一の中で人は有限の感性の喜びを超えて、精神的な「至楽」（この上もなく楽しいこと）を得る。すなわち道学家のいう常に喜びがあふれて尽きない「孔顔の楽」である。感性の喜びは物質的な刺激だが、精神の喜びは知恵による創造であり、理性的な昇華である。

伝えられるところによれば、北宋時代の重要な哲学家の程明道、程伊川は、青年時代に周敦頤に道について尋ねたことがあったという。周敦頤は単刀直入に「顔回、孔子の楽しむところを尋ねさせる、楽しむとは何のことか」と言った。この後「尋孔顔楽処」は宋明時代の理学家の間で重要な問題となった。周敦頤は「士」（学問、道徳などを身に備えた尊敬に値する人物）は聖人になることを一生の理想にすべきであると考えていた。聖人になるにはまず安貧楽道（貧に安じて自らの信じる道を楽しむ）の精神的な喜びに気付かなくてはならない。

周敦頤の理解に基づくと、顔回の喜びとは根本的に貧しさ賤しさそれ自体になにがしかの喜びがあるのではなく、顔回がすでに一種の理想に到達し、富貴の精神的な境涯を超越したことを指す。「心やすらか」であるとは、心と道を瞑想する哲学の喜びを指す。

周敦頤が提起した問題、すなわち顔回は何故貧しい中で楽しみを持ち続けることができたのかという問題は二程子（程明道、程伊川）、ひいては宋学全体に大きな影響を与えた。程明道の人生の志向はすこぶる「孔顔楽処」の妙を得ていた。明道の「秋日偶成」はまさにこの境涯を表している。

閑来事として　従容たらざるは無く
睡り覚むれば　東窓日は已に紅なり
万物静観すれば　皆自得す
四時の佳興人と同じ

道は通ず天地　有形の外　思は入る風雲変態の中
富貴にして淫せず　貧賤にして楽しむ
男児此処に至らば是れ豪雄

この「静観」の中で宇宙を深く洞察し、理に至った後、命を託すべき大道を得ることは、万物同体であり、悠々自適な精神の楽しみに至り、それがすなわち宋明理学家の言う「聖賢の気象」である。この精神の境地は優れた哲学を表現する。すなわち張載が『定性書』の中で言う「不累於物」である。邵雍も「同天」の楽しみを体験した宋時代の哲学者である。邵雍は二程子（程明道、程伊川）と親密に付き合い、程明道は邵雍の人柄を高く買っていた。邵雍は理学家の重んじる所となり、主要な所はその人格だった。邵雍は自ら「これまでずっと眉をひそめることはない」と称し、一生貧困に安んじ、自ら信ずる道を喜んで歩み、悠々自適な「楽」の境地を逍遥した。邵雍は自分の住居を「安楽窩（安楽の小屋）」と名付け、「安楽先生」と称した。富弼、司馬光は洛陽から退いた後、邵雍が庭園を買うのを援助した。邵雍はその中で自ら耕して食べ、普段は小さな車に乗って自ら出かけ、誠意をもって人に対し、終日和やかに談笑した。このような大らかな胸の内を当時の人は皆好み、君子も小人も「吾家先生」と称した。この態度と理学者が追求した「孔顔の楽」は全部が全部同じという訳ではないが、大体近い。邵雍が心の活発さと和やかさを十分保ったのは、万物に対する主観的感情を排除したからで、「以物観物」の道理を理解したためである。「以物観物」、すなわち万物の必然性に基づいて万物を理解することである。人類は一旦万物の必然性を理解することで、二度と自我の主観のために思い煩うことがなくなる。

儒家の人生哲学は人生の理想化の色合いがあることを否定できない。千百年来、それはただの一種の「理想状態」として中国人の思想の中に存在したに過ぎず、少数の卓越した人物（聖賢）だけがある程度実践できたに過ぎない。しかも初期の儒家は人生、世間の倫理学説と人生哲学に近く、漢時代以後日に日に専制政治と互いに結びつき、甚だしい倫理教条と政治説教に変化した。こうなると本来人道の幸福のために作られた人生哲学（内聖外王の道）が人々の自由な個性と精神の喜びを抑圧する絶対的政治倫理の専制主義に変化することが避けられない。よって、現実生活の中において絶対的大多数の人について言えば、その生きてゆく智慧と語る所は、道家の足るを知り常に愉快な無為哲学と運命に任せ従う自由主義に及ばないということになる。

道家の人生に対する理解は、仏教者が生活を苦海と見る程悲観的ではない一方、生活の中に優しさが脈々と息づいていると見る儒家のように楽観的でもない。道家の学派である老子、荘子はどちらも最高峰の聡明な哲学者だが、彼らは「世を出て」解脱するということによることがない一方、「実社会に出て」多くの幸福を得ようという過分な望みも抱かなかった。時に人生の上に立ち、人道の頑なさと愚かさを嘲笑い、時に人生の中に身を置いてユーモアと智慧を用いて人の世の苦楽を品評し、人生の苦しい旅を遊ぶように走りきるのに似ている。足るを知り、常に愉快に適性に合わせて自由自在に、ということが道家の根本的な生存の智慧となった。

老子は古代中国で一番最初に「真の智者は愚かのもののように見える」ということを理解した智者である。老子の哲学は時に老獪で欺きたぶらかすと言われることを避けられないが、しかしその中には少なからず平和、容赦、質朴さと足るを知り常に愉快であるという要素がある。中国人の生活芸術における豊かな詩趣の幻想と、質朴な生活に対する理想はみなこの種の哲学と関係がある。

「天の道は、余り有るを損して足らざるを補う。(七十七章)」

「曲がれば則ち全く、枉まれば則ち直く、窪めば則ち盈ち、弊るれば則ち新たに、少なければ則ち得、多ければ則ち惑う。(二十二章)」

「道の尊く、徳の貴きは、夫れ之に命ずる莫くして、常に自ずから然り。(五十一章)」

「持して之を盈たすは、其の已むるに如かず。揣して之を鋭くするは、長く保つ可からず。金玉の堂に満つるは、之を能く守る莫し。富貴にして驕れば、自ら其の咎を遺す。功遂げて身退くは、天の道なり。(九章)」

「咎は得んと欲するより大なるは莫く、禍は足るを知らざるより大なるは莫し。故に足るを知るの足るは、常に足る。(四十六章)」

「其の栄を知りて、其の辱を守らば、天下の谷と為る。天下の谷と為らば、常徳乃ち足りて、樸に復帰す。(二十八章)」

「其の食を甘しとし、其の服を美しとし、其の居に安んじ、其の俗を楽しとす。隣国相い望み、鶏犬の声相い聞こゆるも、民は老死に至るまで、相い往来せず。(八十章)」

(『老子』蜂屋邦夫訳注、岩波文庫)

これらの言葉は皆ひとつの思想、足るを知り常に愉快であることを述べている。老子は「人に勝つ者は力有り、自ら勝つ者は強」と考えた。「人に勝つ」とは客体を主体が征服することを指している。この自己の力が相手方を超えているという証明は、一旦双方の力量に変化が生じれば、「力有」る者は「力ない」者に変わってしまい、「人に勝つ者」は「人に勝たれる者」に代わってしまう。これを「反える者は道の動なり」という。以上からわかるように、主体の意志によって制限の中で外物を克服し、喜びと成功を得ても、これはしっかりとしたものではなく、瞬く間に過ぎ去るものである。さらにましてや対象を征服する過程においては、一つの困難が解決したすぐ後にさらに手に負えない困難が現れる。一度の小さな成功の後の喜びは、さらに大きな苦痛と思い煩いに覆われる所となる。よって、真の強者は他人に勝つことに関心を持たず、よく自己に打ち勝つことに注意を払う。すなわち極めて大きな意志と勇気をもって自己の欲望を抑え、欲望を一定限度内に収める。「甚を去り」、「奢を去り」、「泰を去る」。一に曰く「慈」、二に曰く「倹」、三に曰く「敢えて天下の先たらず」である。「道」と同じように自然で、「水」と同じように柔弱である。そして赤ん坊のように無私無欲である。このような智慧を持ち、このような「争わず」の徳を持てば、永遠の喜びを得ることができる。「足るを知るの足るは、常に足る」である。

足るを知り、常に愉快であることは中国人が古来から作り上げてきた一種の生きてゆく上での智慧、あるいは古代の哲人が人々に教えた有限な条件下で思う存分生活の楽しみを享受する哲学と言える。また中国人が遭った苦しみがとても多かったので、あるいは中国人の生活における思い煩いと苦しみを感じる神経がどんな民族よりも敏感だったため、この生きてゆく知恵、喜びの哲学が中国人にとって必要不可欠なものであり、月日がたつうちに、特定の歴史環境と伝統文化の中で、中国人の心の仕組みの中にそれが蓄積し、固く壊すことのできない「第二の本能」あるいは文化性格になった。

たとえ今日であっても、中国に観光に来る外国人はみな、特に中国の内地あるいは辺境の貧困地区に興味をもってやって来た外国人は、中国の辛い一般庶民の生活に驚かないものはない。とりわけ外国人を不思議がらせるのは、そこまで過酷な条件下にあるこれらの地方の人々が意外にも、大変喜びと満足を感じているということである。彼らは先祖代々そこで暮らし、これまで移住をすることなど思いもつかず、またその土地の不便さに不平をこぼしたこともない。たとえ凶作の時でも祝日を過ごすときにはチャルメラを吹いたり、あるいはその他のやり方で楽しむことを忘れない。西北の黄土の急な坂の上と太行山の奥深くに生活する人々は山崖に掘った洞穴式の住居や山の斜面の上に住み、その衣食住やることはニューヨークの有力者や東京の経営者、北京、上海の新興富裕層とはとても比べものにはならないが、しかし彼らの人生体験、生命体験、生活の楽しみはこれらの都市の人々と比べてよりひどいと言う訳ではない。都市の人々が騒がしい世の中で株式相場の価格に思い煩い奔走している時、洞穴式住居の中や山の斜面の人々は刻みたばこをふかしながら豚小屋を見つつ、子豚に思いをはせているかもしれないし、あるいはどのように昼食を口に合うよう料理するかを考えているかもしれない。農村の人は伝統的な生活様式に基づいて「足るを知り、常に愉快である」という昔の教訓を実践しており、夏の夜たまに時代遅れの映画を見、あるいはとっくに暗記してしまった講談の歌詞を聴き、その楽しさ、悠々自適さは、贅沢な桟敷に座り楽しみを探している金持ちのお坊ちゃんたちには想像もつかないものだ。彼らの生活は環境が異なり、感じる文化も同じではないので、したがってその生活態度も異なる。

「足るを知り、常に愉快である」は、中国の古代の文学作品の中で、特に宋、元、明、清代の文学作品の中で、いつも田舎田園生活と楽天家に対する賛美であり、多くの詩歌、小品と詩的な書簡の中で、そのような賛美の感情を見つけることができる。私は明、清代の文人の小品を取り留めもなく読むのが好きで、唐詩宋詞を吟唱するよりも好きである。理由は明、清代の小品は世の中のありさまや人情味について、より豊かに述べているからである。

文人間の書簡には常に「のんびりした、気持ち良さ」の情緒があり、張岱、陸深等の書いた友人宛ての手紙には、山川に遊びに行く約束ではなく、互いに生活が清貧でのんびりしていることを書いている。その間には常に「晩にまさに佳い月が昇ろうとしている、画舫（美しく飾った遊覧船）を準備はしなくていい。鼓吹《くすい》（古代の軍用の楽）をしながら船を浮かべてはどうだろうか」などの話がある。このように「一分があれば、一分の楽しみがある」という生活態度は深く中国人の文化の魂の中に浸潤しており、中国人を慌てずうろたえないという生活リズムの中で、生活において困難な状況下にあっても幸せを探せるよう慣れさせた。

人類の幸福とは脆弱なものである。天の神は世俗の凡人たちの幸福に明らかな嫉妬を感じたので、「幸福」というものを生活の中でもっとも捉えがたく不透明なものにした。しかし文化の進歩の領域内で、幸福は終始人類の智慧がまず関心を持ち、解決すべき問題だった。中国人は生活への執着に基づいて、享受できるものの一切を得れるよう全力を尽くした。そこで幸福の追求に対していかなる場合でも「進歩」の関心に比較照合したのは興味を引かれる。ラッセル夫人はかつて「幸福を得ようとする権利」はずっと西洋人に忘れ去られ、彼らは常に選挙権や王室の費用予算の可決、宣戦布告や裁判を受ける権利などの重要でない権利に注意を向けてきた。中国人はずっとこれらの問題には関心を持たず、裁判を受ける権利などにはさらに考えなかった。中国人は注意深く自己が享受する有限の幸福の権利を大事に守った。名臣豪商、庶民を問わず、彼ら中国人は固く信じていた。目の前の幸福がもっとも真なるものである、と。西洋人は積極的な拡張心理を外部に向け求め、生活の結果に対してゆっくりと深く味わう暇がない。中国人の態度は犬儒主義のように消極的だが、社会の進歩に対していささかも心動かされず、思う存分目の前の一切を楽しみ、ゆえに幸福は最終的に個人の基本的な生存要求のレベルまで下げられる。

西洋では、ディオゲネスの故事がいつも現代人の大笑を引き起こす。たとえばディオゲネスは自分を世界一幸せな人間だと公言していた。何故なら何ものも得ようとしないからである。また子供が手を使って水を飲むのを見て、あっさりと自分の椀も捨てたのだという。心地よいリズムの環境で生活する現代人は、一方ではディオゲネスの苦行主義に深く嫉妬している。また一方では自己の神経を少しも緩める勇気がなく、なにがしかの「機会」を失うことを怖れている。これが現代人の「精神的に見失っている」状態である。中国人はディオゲネス程極端ではないが、いかなる事柄においてもそう遠くはない。「足るを知る」哲学は中国人の幸福の追求のやり方をこれまでさほど過激なものにはさせなかった。中国人はただ幸福をもたらすものだけを求め、もし得る方法がなければ、別のものに取り換え、その中から現実の喜びを得た。中国人もきれいな別荘をほしいとは思う。豪華な乗用車、睦まじく楽しい家庭もだ。しかしもし目下これら一切が得られないならば、中国人は苦しいとは思わない。彼は自分一人で自分の小屋におり、かまどが出す炎を眺めながら次から次へと思いをはせるだろう。もしこの時一杯の酒を飲めるのなら、彼は自分が世界一の幸せ者だと思うだろう。

中国人の幸福について言えば、ゆったりのんびりと逍遥することは極めて重要である。「足るを知り、常に愉快である」は多くの中国人の生活の中で実行されているので、中国人はより多くの幸福のためにゆったりとすることを放棄するつもりはない。のんびりとしてようやくゆっくりと人生を深く味わい、酒を酌みながら詩を吟唱し、茶を賞味しながら碁を観ることができるのである。のんびりとすることは普通の庶民にとって少しも得難いものではない。彼らは終日日の出と月の入りという自然のリズムに沿って生活をしている。官職に就いている者、公文書に押しつぶされそうになりながら仕官している者にとっては、暇な時間は得難い。もし「寺院に遊びに行った時、偶然高僧に逢い長く話し込んだ。この入り乱れた世の中で得難い片時の静かなのんびりとした時間を過ご」すような機会があれば、仕官をしている人間は小鳥のように嬉しく、この得難いゆったりとした時間を使って小品を書き、詩を作り、友達と一緒に自己の心配や苦労のない幸せを分け合うだろう。このような情景は聖賢と言えども例外ではない。

ゆったりすることは中国人に生活芸術を理解させ、また清貧な生活の中で思う存分持っている一切のものを享受することを可能にさせた。彼らの文化水準は低いかもしれないが、しかし彼らはみな荘子や陶淵明、蘇東坡などの詩人、哲学家と同じようになすすべがない中で自由に瀟洒に生きることができる。ただ中国人だけが偉大な常識を本当に理解することができる。それは苦楽が相半ばする、それが人生である、ということである。

我々は終始儒家と道家だけが補い合う人生哲学であり、それらであってはじめて人の性の哲学にもっとも符合すると考えていた。儒家の人倫主義と道家の自然主義を中和すれば、ちょうどいい人の性の哲学を得ることができる。中庸の道に照らし合わせ、人生のもっとも崇高な理想である、社会から逃避せず、人間の本の性を依然として保持できる楽しい人であるべきだ。もし一人街を離れ、山中にて静寂な自然の生活をすれば、それはまだ二流の隠士に過ぎず、環境の制約を受けざるを得ない。ただ市井に隠れて世俗の中において「世俗を超える」生活をする人であってこそ、はじめて本当の隠士と言え、彼らは「心隠」と呼ばれた。「心隠」たちは身は朝廷にありながら、その心は完全に山林の中にいるに等しく、市井にあってもその心はやはり樵や漁夫と同じで心を煩わすことなく質朴自然である。よってこの心を煩わすことのない平然としている哲学は、現代人の生活の質を上げるために絶対的に必要である。この哲学はあまりにも多忙で重い人生の歩みを適切に調節することができ、目先が利かず功利という目標に向かって待ち焦がれながら将来を見ている、そわそわして落ち着かない心を、絶えず調息することができる。私が思うに、無作為な調身、調息が得意な人は必ずその創造力、仕事への熱意、労働効率が、一日中せわしなく忙しくしている事務主義者よりも高い。このような生活芸術を手に入れるため、我々は当然古代人に倣うべきである。我々は決して昔の人の服装をして、古代の小国寡民社会に回帰せよと主張している訳ではない。それは不必要であり、また不可能である。しかし私は精神の過度な緊張、しょっちゅう感性を用いた刺激をもって得られる心地よさを求める現代人が、押し合いへし合いし、乱れた生活空間の中で、古典主義的なひんやりとした静寂を残しておいてもかまわないのではないかと思う。それはユーモアのあるゆったりとした時間であり、足ることを知り、常に愉快であるための智慧である。この生活芸術は決して現代人の前進の足取りを妨げるものではない。反対にそれは現代人の生命の奥深くに眠っている潜在能力を呼び覚ますだろう。そして人の精神をさらに自由に、楽しく、活力に満ちたものにする。

なにがしかの意義の上から見れば、人生とはほとんど四季が循環する一首の詩である。それは韻律とリズムがあり、また成長と腐食という内的な法則も持っている。この世界における人生は、無邪気な幼児期に始まり、その後いつの間にかたくましい青年期を走り抜け、成熟した社会に適応しようと試み、青年の情熱と夢、野心を抱きながら大人になってゆく。経験を積み重ね、見聞が広くなるに従い、だんだんと成熟した世界観を持つようになる。寛容と人当たりのよさを理解し、世間を軽んじるような中で、理知的な冷静さと現実主義を持つようになる。これが中年期の心境である。老年に至り、血気はだんだんと衰え、考え方はさらに老成、円熟し、この時の生活哲学は一杯の陳年老酒のように長く後引く味わいがある。コクがあり、苦さ渋さがあり、落ち着いていて安定し、ゆったりとして、足ることを知っている。これらは夕日が照らし出す老人の精神世界の中の斑な色合いを持った一本の道を作り上げている。最後に生命の火花はぱっときらめき消え、もう一つの世界で永い眠りにつくこととなる。人生の四季の歌の主旋律は終始苦と楽の交じり合いである。青年は楽しいことが多く苦しいことが少ない。これは喜劇の人生である。老人は苦が多く楽しいことが少なく、かえって苦しみの中にあって楽の味をかみしめることができる。喜劇の意識をもって人生の悲劇を見る、これが哲学的な人生である。辛棄疾の「丑奴兒・書博山道中壁」の詞にいわく、

少年は愁いの滋味を知らず
層楼に上ることを好む
好んで層楼に上り
新しい詞を賦するため　強いて愁いを説く

今歳を取り　愁いの滋味を知り尽くした
愁いを説こうとしてやめ
説こうとしてはやはりやめ
却って口をついて出たのは「天涼しくよい秋だ」という言葉だった。

辛棄疾の詞の中には、「愁いを知らず」と言って無理して愁いを言う少年の意識と、「愁いを知り尽く」し、言おうとしてやはりやめる老年の心境を論じており、ただ苦楽が相半ばする中年期の人生だけが語られていない。あるいは中年期はすでに無理して愁いを言う暇もなく、またさらに言おうとしてやめる時間もないのかもしれない。少年の心は詩意的であり、老年の心は哲学的である。中年の心は平凡で現実的であり、それだけさらに少年の純粋さと老年の情趣が必要であり、そうすることで人生の中盤を荒漠としたものにしないで済むのである。

第一章

中国史上もっとも苦しんだ三人の天才たち

第一節　屈原の入水思想

屈原は自殺する前に「離騒」、「天問」などの並々ならぬ憂えと憤りが表された詩を書き残している。これらの血と涙で書かれた非常に美しい詩文を読み解くと、いつも人を同情と悲哀のあまり詩人の自殺の背景にある文化のうちに込められた意味について興味を持たせ、問わせる。

ここは「天問」からその問いを提起するのが自然だろう。『天問』の中で屈原は詩の形式をもって天の成り立ちからはじめ、歴史の起源と人生の命運の真相についてそのまま問い至る。内容は下記のようなものである。

遠い遠いはるか昔のことを一体誰が言いつたえたのだろうか
天も地も　朝も夜も　明るさも暗さもなく
万物は漂い　はっきりしたものは何もなかったのに
どうしてそれがわかったのか
………
古の王朝殷は天命を受けて天下をとったというのに
どうしてその殷が周に破れたのか
殷の罪とは何なのだろうか

詩人は一連の広々としたとりとめなさと戸惑いをもって、蒼天に百七十あまりの「何」と「どうして」を問いかけている。

天はこれらの問いかけに答える力を持たない。詩人も同様に答えられない。さもなくば詩人とて天に問いかけはしないだろう。極度の失望の中で、詩人は自ら命を絶つより他なかった。もし屈原の人生の理想が実現できていたら、もし屈原が冤罪により追放されたと思うような目に遭わなかったら、『天問』も生まれず、「離騒」という巨大な大作の詩史さえ作り出されることはなかっただろう。追放あるいはより重要な「忠心により疑いを受ける」という志を遂げられないという問題は、屈原の心に重大な打撃を与えた。屈原は郢都《えいと》（楚国の首都）を離れざるをえず、自分の政治的才能を発揮し人生の抱負を遂げる場所である宮廷を離れざるをえなかった。このような「信《まこと》に吾《わが》罪に非ずして、棄逐《きちく》せらる。日夜にして之を忘れん」という憂憤の日々にあり、詩人は天を仰ぎ嘆き、滅入った心を吐き出し、天の神の成徳と英知を借りて自分を慰めた。これについて王逸在は『天問』の序の中で、非常にはっきりと述べている。

> 屈原は追放され、憂い悲しみ、山沢をさまよい、無実の苦しみを経験し、広々とした秋空に嘆き、嘆息した。楚国の先王の廟、公卿の祠に詣でて、描かれている天地山川の神の絵を見、美しいが偽りの多い古代の聖人、賢人、怪物の行いを見た。周遊し終わり、その下で休んで絵を仰ぎ見、その壁に書かれた書にちなんで息を吐きながらこれを問い、憤懣を吐き出し憂いた。

その実、屈原の『天問』と天に対して発している問いかけは、自己に対する問いかけではなく、自分の価値理念と人生のよりどころに対する問いである。だからこそ詩人が『天問』の中で問いかけるだけで、答えないことが文章として道理にかなっているのである。

問題は、屈原のこのような「徳を秉《と》りて私無く、天地に参《まじわ》る」有徳の君子が、何故ついには憂い憔悴しよりどころがないと考えるに至ったのか。道理に深く通じており、「善は外より来たらず　名を以って虚しく作す可《べ》からず」ということを知っていた屈原が、何故自己の人格の抱負において妨げられた時、ついには天に問うに至ったのか。さらに屈原のような才能と美徳を備えた人がどうして人格における挫折を経験したのか、最後には「既に与に美政を為すに足る莫《な》し　吾将《われまさ》に彭咸《ほうかん》の居る所に従わんとす」というような世間を逃れるような考えに至ったのか。この考えと、心を落ち着け志を広く持つという「内聖外王（内に聖人、外に王者の徳を兼備した物）」の理想の人格とは矛盾しないのか。

屈原は自殺する前自己矛盾に陥っていた。この深い矛盾が心に付きまとい、夜も眠れなかった。

屈原の心の矛盾はちょうど儒家の人生哲学における理想と現実の矛盾の縮図である。

屈原の考えでは、個人の人格の完璧さはこの上なく優れたものだ。屈原はかつて完璧な人格の君子を美人になぞらえ夢の中に求め、橘の木になぞらえこれの歌を詠じ、香り草になぞらえてこれを詩にしてしのんだ。屈原はかつて完璧な人格を持つ人は、雄壮で美しい人生に向って、大きな功績を打ち立てるものだと信じていた。ここから人格の節操を堅持すれば、当然命を受けて退けられることなく、たとえ苦難に遭っても身を引くべきでないと考えていた。この態度は儒家の道徳人文主義と基本的で一般的な倫理主義的歴史観、価値観と一致する。儒家のいう君子とはみな国を治め天下を平らげる偉業のもとを修身におかなければならないと単純に考えており、屈原を含め、疑問に思ったことがない。はたして単に人格の修養によれば一切の歴史上の問題を解決できるのだろうか。事実上、社会・歴史の法則と個人の人格の修養のいかんは一致しないことを我々は見知っている。個人の人格が立派になることは、現実世界を決して良くはしない。春秋戦国時代、孔子や屈原のような抱負を持った君子や仁者はいくらでもいた。しかしその人々が歴史を左右することはなかった。まして修身からはじめて、国を治め天下を平らげるに至るという論理は必ずしも筋が通っていない。反対に価値判断を事実の判断に取って代えるという非合理な推論が暗に含まれている。「どうすべきか」が「事実がどうであるか」に取って代わっているのである。この取り代えに潜む危険性は全体から言って、社会・歴史の本当の状況（苦難と暴力）を実在しない道徳・人情で包み隠してしまう可能性がある。個人の存在から言えば、その危険性は屈原のような極めて誠実な君子を、告げるあてのない孤独、寄る辺なさ、価値観の世界（理想）と事実上の世界（現実）の両極の曖昧で定かでない中で、憂いが燃えるようであり、ついには人格の分裂と幻滅に至らせるのである。

屈原が提起した『天問』はやむにやまれぬことだった。人格の苦境にあって、宇宙、自然、歴史、人生の真相について天に問いかけた。その問いは力なかったけれど、その中には自ずと正当な理由があった。屈原は身を顧みて誠実であり、「臣、君に事《つか》うるに忠を以てす」の倫理・義務を尽くした。しかし多くの凡人の讒言に遭い、君主に追放された。屈原は天に問うより他に、誰に問いかけることができただろうか。個人の人格のよりどころを問うのだろうか。先王の道の根拠を問うのだろうか。天の理《ことわり》、秩序を疑い、君臣の義に対する信頼性を問うのだろうか。それは屈原にとって決してできないことだった。もし疑いを持てば、君子の人格を備えているという自負を裏切ることとなる。それは荘子のように根本から儒家の信念を否定しなくてはならなくなるからだ。自己が信奉する信念に対しての裏切りは君主から追放されるよりさらに悲惨であり、肉体的な追放より耐えがたい魂の漂泊である。

不幸なことにこの裏切り、屈原の魂が信奉する信念からの追放は、運命により定められたものだった。もし魂の放逐の中で新たに心落ち着けるよりどころを見つけられなければ、自殺への一途をたどるより他ない。屈原は『天問』を提起するより他なく、これは屈原の内在する苦境に強いられたものであり、また人格の苦境に強いられたものでもある。屈原は絶対的に誠実であり、未だに自己の責任を逃れる考えに至らず、自分自身を欺くことができなかった。『天問』の中で宇宙、歴史、人生の真相についての一連の追及を提起する理性のほとばしりを抑えられなかった。これは屈原が苦しみに遭った後、一切の存在の究極的な根拠に対して疑いを持ったことを意味するのだろうか。

道徳と苦難は決して相互に補い合うものではない。我々は道徳や秩序のために苦杯をなめたり、不幸になることが正しいとは言えない。さもなくば善にどのような価値があると言えるだろう。同様に道徳的な人が苦しむことを問題にしないとも言えない。道徳・理想は決して現実の苦難と不幸を消し去りはしない。事実、とても多くの有徳で善良な人々が苦しんでおり、屈原もその中の一人だった。屈原は追放された中で天を仰ぎ長いため息をついたが、決してその苦痛が軽くなることはなかった。中国儒家の世界観の中では、天の道と君子の道は一つであり、理想と現実の境界線が曖昧で、したがって屈原の天の神（天）に対する涙ながらの訴えに耳を傾ける者は一人もいなかった。

屈原はどうしようもなかった。そのどうしようもなさが、かつて熱烈にあこがれた信念に対して懐疑を抱かせた。『天問』はその懐疑の表明である。「悲回風」の中に屈原の絶望とどうしようもなさが最も集中的に表れている。朱子はこれを屈原が「窮地に臨む」一声であり、湖に身を沈める前の辞世の句だと考えた。我々が知ることができる中から、屈原の自殺が「懐王（当時の楚国の王）との心のつながり」や楚が秦に滅ぼされたためではなく、内心の葛藤が魂の寄る辺なさを招いたためである。理想と現実の矛盾、才能と運命の差異が、屈原の全ての信念の生命を虚無の深淵に放り込んだためだ。この時屈原は聞く人を涙させる悲歌を詠じた。

一つの信念、理想、希望に身を捧げる人は、その信念、理想、希望がすべての生命の根幹となる。しかし一度それらの偽りに気づくと、生命は虚無の深淵に投げ入れられる。その深淵の中でもし生命がそこを超越する道を見つけられなければ、どうしようもない中で自ら命を絶つより他ない。屈原はまさに「吾往昔の冀いし所を怨み　来者の慭慭を悼む（私はその昔願ったことが果たされなかったことが心残りであり、来るべきわが悲しき運命を悼む）」（『中国の古典二十　楚辞』黒須重彦訳、学習研究社）という感情の炎の中で、自殺に思い至ったのである。

しかし絶望の深淵の中で、人は決して自殺の道しかないわけではない。古今を通じて、絶望した詩人は数知れないが、しかし決して必ずしも自殺という結末に至るわけではない。屈原の目の前にはまだ二本の脱出経路があったようである。一方はただ世の大勢に従うことである。小者たちと一緒になって悪事を働くことだ。もう一方の道は孔子の提唱した「天下に道義が行われていないときは隠れる」という考え方に従うことである。そして自由で気ままな隠者になることだ。前者は屈原には決して受け入れられなかっただろう。屈原は「自ら放たしむるを為す（自ら追放の憂き目にあうようなことをする）」（『中国の古典二十　楚辞』黒須重彦訳、学習研究社）をしたとしても、世の人々とともに悪事に酔うようなことはできなかった。問題は後者の選択肢が屈原の心を安らかにできるかどうかである。

儒家の信念は屈原を絶望の瀬戸際に追いやった。屈原は自分の信念に対してすでに完全なる絶望と疑念を抱いていた。詠んだ詩の概要はこのようなものである。

皆に言って歩く訳にもいかず
一体誰が私の心をわかってくれるのか
誰でも仲間と事を行うのに
どうしてあなた（屈原）は私の言うことを聞かないのか
忠実な人、賢い人が必ずしも用いられるとは限らないのだ

もとより王道（王の徳によって治める政治）の歴史など大したものではない。私は何も執着する必要などないではないか。「国に人無く我知る莫し（この国には国を憂える人は無くまたこの私を理解するものはなかったのだ）又何ぞ故都を懐わん（これ以上どうして故国を思おうか）」。憂え悲しみ、憤懣の中で、民と心を結んでいた屈原は自分を理解しない楚国の人を恨みはじめるまでに至った。そして仲間を離れ世に残すつもりで、「世溷濁して余を知る莫し（世は乱れ乱れて　私を理解するものはいない）　吾方に高く馳せて顧みず（私は孤高の空を駆け　この俗世を顧みまい）」（『中国の古典二十楚辞』黒須重彦訳、学習研究社）と詠んだ。確かに屈原はすでに自己の信念に対する疑いの瀬戸際まで至っており、再び前に向かって一歩踏み出し苦境から脱出するためには、老荘思想に身を投げ、二度と忠義のために世を正す責任とそのために煩い疲れ果てることをせず、この乱れやかましい世界を離れ

るより他ない。その時屈原が詠んだ詩の内容はこのようなものである。

青い竜と白い竜がひく車に乗り
私は古の聖王・舜と共に素晴らしい世界に遊ぼうではないか

儒家の世に入ってゆく姿勢から道家の逍遥までは、もともと内在的な論理の統一性はない。儒家と道家は互いに補い合う関係にあってやっと社会全体に道理がある。しかし個人について言えば、儒家を捨ててはじめて道家になることができ、道家をやめてはじめて儒家になることができる。実際に孔子・孟子はどちらも「道義が行われていないときは隠れる」あるいは道を胸に抱き、身を隠すことの相対的な合理性を肯定している。孔孟は忠君愛民の倫理と責任を語ると同時に、また「天下道有らば、則ち見われ、道無くんば則ち隠る（世の中が人の道を履んでいるならば、そこで働き、人の道にはずれているならば退いて暮らす）」、「貧窮したなら、一人その身を修養する。栄達したなら天下を救済する」とも語っている。これは個人の精神の自由を守るために残された一本の退路である。問題は、儒家の出処進退の道が「天地閉じて、賢人隠る（上下の関係が閉塞すれば、賢人は野に隠れる）」（『中国の思想Ⅶ　易経』丸山松幸訳）の十分な根拠にならないことだ。試しに聞くが、「個人の人格（君子）」はどのように道がなされているか、廃れているかを判断するのか。もし基準が王道（仁政、礼楽）それ自体だとして、しかし王道は自ずと行われるものではないので、必ず国家権力（情勢、地位）の助けを借りて推進しなくてはならない。一旦道、徳と情勢、地位がバラバラになったら、君子の使命はこれらを新たに一つにすることである。それでは、君子はまたどのように道の有無を見分けるのか。王道が君子の推進にかかっている以上、君子はどこから自分が隠れるべきかどうかを判断するのか。儒家の出処進退、仕官と隠遁の基準は曖昧ではっきりせず、君子が理想と現実の矛盾の中で、信念の危機に陥った時の精神的なよりどころとならず、最後には必ず士、君子が信念の危機にある時、彼らを抜け出すことができない苦境に追いやることになる。したがってはっきりした忠誠心の一方で、愚かな自殺をすることとなる。屈原はまさにそうだった。苦痛な精神の漂泊を経験し、実際に儒家の信念の悪循環から抜け出せず、自殺が唯一の解決の道となってしまった。

屈原は不幸だったが、その自殺は過ちだったのだろうか。答えは否である。屈原の偉大さはまさしく社会と歴史の命運をもって、自らの運命としたところにあり、その人格、精神の価値をもって自任していたところにある。いわゆる価値の自任は、超越した個人のさらに高次の価値（道）を自己の感情生命として内在化したことにあり、自己の血肉である体をもって、絶対的な価値を引き受けたことにある。ここからそれは個人の生命と絶対的な価値を融合させ一つとする。孔子、屈原、ヤハウェは皆この価値を自任し、人格の手本である道に殉じたことをもって勇敢なのである。

しかしながら本能の感性を備えている個人から言うと、死はさすがに重すぎる。たとえ忠誠心の極みである屈原としても、死を選ぶときは決して心安いものではなかった。さもなくば屈原はあのように悲愴で悲惨な詩を書かなかっただろう。死神に会った時、すでに逃げ出す力もなく、生き続ける十分な理由を見つけられなかった。この意味から言えば、屈原個人の悲劇は儒家の人生哲学の悲劇を表している。事実上儒家の信念それ自身の矛盾は、個人の生命を救うことと逍遥するための最終的な理論の根拠を提供する方法がない。この内在する矛盾の実質は、一方では個人の生命が絶対的な倫理義務に服することを要求し（道）、もう一方では当人が倫理義務を推し進めることができない時は、逃れ隠れる権利があると考える（無道則隠）。この二つの矛盾した命題は、理論あるいは論理上において統一のしようがない。したがって、士、君子がやましいところがなく心安らかに逍遥に向かうための理論的よりどころがないのである。そこで中国人は自分の生命存在の合理性を作り出すために、論理上もう一つの人生哲学、儒家の信念の不足を補うもう一つの意義・根拠を必要とした。これが道家の自然主義哲学と逍遥の人生観が必然的に現れた理由である。

道家の真人である荘子は傍らで、草鞋を編みながら無頓着に屈原の孤独で仕方がない魂を、怪しく笑っている。

第二節　李白の苦しい生命の旅路　漂泊する詩魂

中国の文化史上、儒家の世の中に関わっていく精神と道家の世を逃れる思想が一人の人生で激しい緊張と衝突、交差を表した例は李白に並ぶ者はいないだろう。それほど突出しているのである。李白の文化的血潮の中で国を治め世を救う儒家の人倫主義と適性に合わせて逍遥する道家の自然主義、この二つは補い合うものではなく、ぶつかり合うものである。中和するのではなく、衝突するものだ。

儒道の二つの価値観の衝突は李白に、あるいは朝廷に昇り君主を補佐する賢臣になることや、あるいは深い山林に籠って、梅の花や菊の花を友とする隠士になることに関心を持たせなかった。もしその気になれば、その才能はどちらの道でも成功することができただろう。しかしながら李白は「貞女二夫にまみえず」にはなれなかった。儒家の信念は時代の感化から、道家の精神は李白の生まれつきの性質から、李白に影響を与えた。二つの価値観に引き裂かれ、李白は平静でいられなかった。燃え盛るような誠実さと不安に騒ぐ心を連れて、風に歌い武器を持ち世界の果てを行き、理想の人生を追い求めた。そして理想とはいつも李白の一歩先を行った。落ちぶれることを良しとせず、現状に落ち着けず、たえず追求し、李白の苦しい人生の旅路は独特の悲劇的な色彩に彩られている。

李白の運命を理解したいならば、唐時代の人々の文化的雰囲気と李白の天分を分析しないわけにはいかない。大唐帝国の確立により、数百年続いた分裂と内乱の時代は終わった。唐時代初期数十年の社会改革、人民の負担軽減、生活の安定を経て、唐帝国の政治、財政、軍事すべてが前王朝に比べ大幅に向上した。同時に経済、文化の発展と、社会関係（権力組織、任用制度）の改組により、六朝時代に盛んだった門閥制度が次第に弱体化し、門閥貴族でない庶民地主階級の勢力が向上、拡大し始めた。このため平民の子息が政治や、国を治め世を救うことに参加し、広い見通しが開かれた。ここから唐王朝立国の開始から、立身出世が平民子息たちの一般的な人生の抱負となった。

様々に転戦し、突厥を破り、吐蕃を打ち負かし、ウイグルに帰順を求める唐王朝初期の時代の中で、身分の高い者から平民まで、名門の家の者から身分の低い家柄の者まで、戦に身を投じ功績を立てる栄誉感と戦死する英雄主義は、社会の雰囲気として広がっていた。文人は科挙に合格することを目指すと同時に、次から次へと武術、兵法を学び、要塞に出入りし、手柄を立てた。唐時代の初期と繁栄期の詩人は厳しい自然環境や戦いの生涯を経験したことがある者が非常に多かった。武器を手にし詩を吟じ、文武両道がこの時代の詩人の流行と風格となった。領土を広げ、軍威は四方に及び、国内は相対的に安定し、南北文化は交流、融合し、外国との貿易も拡大し、唐時代の初期から繁栄期へ向かう歴史的な前奏となった。

唐初の詩人の後を継いで、高適、王翰、王之渙などの詩人が国境の要塞に現れた。その詩は大砂漠の古道、輝く太陽と黄色い雲、秦の時代にもあった関、漢時代にも輝いたであろう明月、万里の旅の苦労を詩に書き表し、盛唐時代の人々の、領土を広げ、功績を立てるという人生の大志の極致を表現した。盛唐時代の抜きんでた詩人はもちろん詩仙・李白である。盛唐文化の母乳で李白のインスピレーションの根は潤い、開元・天宝の際は暗く長い社会の危機に潜伏し、その詩の魂は鋳だされた。剣を手にとり漫遊する義侠心の強い気質、飄然としてやって行きたい世間を超越した気質、大酒を食らい大声で歌う激情、風に歌い月を詠じる野趣、酒を多く飲み、詩をたくさんつくる才能、王侯貴族を笑って気にしない人柄、等しく李白の天分に属するものであり、一般人が学んで得れるものではない。李白の詩、文章、人柄は、上は荘子、陶淵明を受け継ぎ、下は蘇軾と辛棄疾を啓蒙し、中国文化と文人の悲劇性を最高潮に押し上げた。ここから中国人は李白をあまり哀れだとは知らないとされている。

しかしながら李白の人生の悲劇性は、俗世離れした尊大な行いだけに起因するものではなく、手柄を急ぎ出世しようという情熱のためでもない。道家の骨に儒家の腸を持つような矛盾を抱え、厳かな魂と乱れた情が李白の真実の個性であり、李白の人学の特質だと言うべきだろう。

盛唐時代に生を受け、開放進取の文化雰囲気は、李白に一貫して手柄を立て立身出世し、国を治め世を救うという儒家の信念を抱かせた。李白は西蜀で剣の腕を二十年磨き、呉、楚の国まで侠游し、広く友と交わった。再び都で評判になると文人の仲間と交わり、「長風浪を破るに會《かなら》ず時有り　直《ただち》に雲帆を挂けて滄海を濟らん」を信念とした。そして出仕の途を探し、成り上がり、才能を存分に揮える機会を探した。たとえ十年酒を飲み剣を壁にかける潜伏期間を経ても、その出世の理念を諦めなかった。かつ李白は「代寿山答孟少府移文書」において、上古の隠士巣父、許由の後の第一人者を自称していたが、「栄達したら天下を救済する」という政治理想を諦めたくはなく、海上で神仙のようにしていた。李白について言えば、隠遁は深く沈潜して時を待つ手段であり、自己の人生の理想を実現し、手柄を立てた後、再び身を引くためのものだ。その考えは明らかに「隠士になり、世に出て宰相となり、そしてまた身を引き隠士となる」という選択様式があった。始まりと終わりは「虚」であり、中間は「実」である。ただ奮闘を経験し、功を立て、名を成した後は再度隠士となり、平然として落ち着いている。これは道家の骨と儒家の腸を持つ李白の人格の特徴をこの上なく明示している。李白は一貫して自分の才能と能力を固く信じていた。「天我が材を生む　必ず要あり」。才能を発揮する出仕の機会さえあれば、と決して諦めなかった。天宝元年（西暦七二四年）時の皇帝・玄宗は広く人材を求める詔を出した。折よく李白はその一年山東、安徽の辺りを転々としており、最後に長安にたどり着いた。

李白の詩は都で評判になっており、朝廷のお召しを受けた。詔書を受け取って非常に喜び、出発間際に詩賦を詠んでいる。

これは長く抑圧されていた後の狂喜の心情であり、十年間隠れ各地を転々としていた結果である。そして自信と才能が今一度明らかになった機会だった。

都について、李白は非常に得意になっていた。その詩才と人柄は長安で広く知られており、朝廷の人間から野の人まで、敬慕、敬服しない者はなかった。即興で一首詩を詠むと、千古の絶唱「蜀道難」として、都の著名人をしきりに賛嘆させ、すぐさま帯びた金の亀を解いて金に換え、李白とともに酒を飲んだ。しかしながら李白の道家の思想と男気は、官界で出仕するにはふさわしくなく、そして自分の才能を隠すことが苦手だった。皇帝や近習の前でいつも自分の才能を頼んではばからず、率直に物事を行い、「天子呼び来たれども　船に上らず　自ら称す　臣は是れ　酒中の仙なり」と人の道として正しいことを行い、結果として皇帝に疎まれ疎遠になり、権力者の恨みを買い、連れの者には嫉妬された。そして官吏になる道はだんだんと厳しくなった。その心中を「行路難」で吐露している。

その苦悩はほとんど気が狂うほどだった。しかしこのにっちもさっちもいかない状況の中にあったとしても、李白は「長風浪を破るに會《かなら》ず時有り　直《ただち》に雲帆を挂けて滄海を濟らん」の時運がまたあると依然として信じていた。しかしその機会は二度と現れなかった。天宝三年（西暦七二六年）春、李白は悶々としたまま長安を離れ、「まさに去らんと欲する時に臨み　慷慨の涙に纓（冠の紐）は濡れ」といった状態だった。そして飲酒、詩賦、漫遊がその後の李白の人生すべてとなった。

ある意味、個人の性格とはしばしばその人の運命を決める。李白の人生の悲劇性は、その傲岸で粗野な性格と中国の政治文化が相いれないことにある。李白は「十五にして奇書を読み　作賦は相如を凌ぐ」と自称し、青年時代にはすでに現れていた自分の才能を頼んではばからない、自由奔放な性格は一生改まることなく、加えて酒好きで酔うまで休まない、喜怒哀楽を感じると必ず口にしなくては済まない、その不快なところを述べてやまないといった性格だった。酒、詩、剣が李白の文化的性格の基本的な色彩と気質の特徴を作り上げていた。このような性格は李白に「(罰を受けて)天から人間界へ下された仙人」になることを運命づけ、朝廷で宰相になる性格ではなかった。激情的で空想的な詩人であって、冷静、理知的な政治家ではなかった。若い頃に酔って剣を取り人を殺めた時、すでに任侠の気根があったのはさておき、酒を飲むことを命とすることだけ言っても、また酔わなければ詩を作らない文人気質は李白を官職につく道を行かせるのに十分だったが、官界でしっかりと足場を固めるためには、致命的な妨げとなった。中国の政治文化は若くして老成し、温厚篤実な人材を良しとした。李白は幼い時からそのような人柄ではなかった。

この放浪生活者的な性格は、官界で重視される上品で礼儀正しい君子像ではなかった。李白は庶民の気質でありながら、官界に入ろうとし、権力者のはっきりとした推薦を必要とした。この点は自身でもよく理解していた。さもなくば方々を侠游し、著名人と交わったりしなかっただろう。しかしながら天性の誇り高く、屈しない性格がいつも邪魔をして、権力者に頭を下げ、目下の礼をとることができなかった。李白は芯から権力と地位を蔑視していた。しかし中国で政治家になりたければ、老子のように賢く狡猾で、才能を隠し外に現わさないことを理解する必要がある。「その鋭を挫き、その粉を解き、その光を和し、その塵に同ず」、無を以って有とし、柔を以って剛を制し、下の者を慈しみ、真の智者はおろかに見える。李白はそれらを体得できず、できたとしても実践することができなかった。生まれつき老子の人当たりの良さ、如才なさは持ち合わせてなく、かえってより強い荘子のほしいままにふるまう気質を持っていた。李白は自分を包み隠すことができないだけでなく、かえって酒を喜んで飲んだ後はよくしゃべり、自分の心を残さず吐き出した。このような性格では、平坦でなく、いばらの中をよじ登るような官界への道において、どうしようもないと嘆くより他なかった。そして「蜀の道は難しく　天に上るのと同じように険しい」と嘆いた。

李白の天分は詩人であり、政治家ではなかった。しかし政治家の天分はないにもかかわらず、どうしても政治家になるという抱負を抱いていた。よってその苦痛の中に一生を送った。政治家とはただ野心があり、かつ苦痛に対して鈍感なものだ。ただ詩人の才能を持っていることは、その信念にとって苦悩をもたらした。李白は豊富な生活と情感の世界を持ち、遊侠の士の集まり、隠士、策士、酒仙、作家をもって、その身とした。また広く社会と関り、各身分の生活を理解したので、きわめてその詩の内容が豊富になった。文化の性格上、李白は一方で儒家の「多くの民を救う」、「天下のために懸命に働く」という王道の理想を認めていた。これは時代によるものである。しかしまた一方で自由を愛し、道家、特に荘子の思想に生まれつきの親和力があった。道家の骨と儒家の腸、厳かな魂と乱れた情は、李白の文化の心に極めて不調和な状態で存在していた。清末の龔自珍は「撮録李白集」の中で、李白の性格の複雑さを語っている。儒家の世を治める精神と道家の自然に任せるシニカルな哲学に内在する矛盾は、李白を貞女二夫にまみえずといった宰相や、まだどんな境遇にも安んじる隠士にもさせなかった。儒教、道教的価値のの二元性の衝突は、李白を片時も落ち着けないようにした。その背に騒がしく不安な心を背負い、世界の果てをさすらい、時に隠れ、時に脚光を浴びるという生命の苦しい旅路の中で、自身の落ち着き先を尋ね歩き、詩と酒の中に心を落ち着かせた。このような苦しい人生体験は李白に中国歴史上に政治、文化的な傑作を残すことを許さなかったが、かえって芸術の中に千古不朽の詩人としての名を残させた。まずは李白の「将進酒」の中の詩魂を見るがいい。

君見ずや　黄河の水天上より來り
奔流して海に到り復た回《かへ》らざるを君見ずや
高堂の明鏡白髪を悲しみ
朝には青絲の如くも暮には雪と成るを
人生　意を得なば　須らく歡を盡くすべし
金樽をして空しく月に對せしむる莫かれ
天の我が材を生ずるや必ず用有り
千金は散じ盡くすも還た復た來らん
羊を烹《に》　牛を宰して且らく樂しみを爲さん
會らず須らく一飲三百杯なるべし
五花の馬　千金の裘
兒を呼び將に出でて美酒に換へしめ
爾と同《とも》に銷さん萬古の愁を

第三節　王国維の文化的涅槃

一　文化の中国その身を滅ぼす

中国の近頃の歴史において、王国維ほど燦爛たる学術業績を得た者、中国と西洋文化の理解で深みに達した者、さらに「文化が命を託した」者はいないかもしれない。数千年の歴史の中で、未だない文化の非常事態において王国維ほど深刻重大な文化の幻滅感にあった人もいない。しかしながら一人の歴史上の人物として、王国維はあいにく大規模な業績に欠け、そのためその姿はちょうどあざなの「静安」が示すところにぴったりだ。すべて王国維は学術上、また思想上、誰の目にも明らかにその雅号である「観堂」の二字を正確に体現している。近年以降、学術の大家は一般に皆光り輝く歴史上の政治的偉業がその身に付き従っているもので、例えば梁啓超の維新、章太炎の入獄、胡適の白話文運動、熊十力の辛亥革命の経歴、梁漱溟の「一代直声」の美名などである。王国維の一生はほとんど寂しい書斎の中での学問研究と著述に限られ、時折いささかの政治行為にも参加してはいるが、退位した末代の皇帝に付き従う文人に過ぎず、世の人のために述べるには足りない。最後には新聞界の関心を集めた人となったが、それは王国維自身のめざましい行動のためではなく、昆明湖畔にひっそりと入水したためである。本当に王国維の深い精神世界に入りたいならば、その学術業績や間抜けていて頑なな政治的立場から取り掛かることはできず、かえってその死の文化的意味から着手して解読するべきである。まさに『紅楼夢』を読む中で賈宝玉の文化的性格が切り立った崖から手を離すという結果であることをおろそかにできないのと同じように、王国維の精神世界に入りたければ、その入水から彼の人生と思想を洞察しなければならない。王国維の死が持つ涅槃的意味を知らなければならない。

一九二七年六月二日、静かな夏の午前中、王国維は頤和園の昆明湖畔に投身自殺した。死体を検分すると、王氏の肌着の中から簡単で短い遺書が見つかった。外書きに「西院十八号、王貞明（王国維の第三子）へ」とあった。

王国維の入水について、かつて激しい議論が巻き起こった。意見はまちまちで、まとまらなかった。ある者は王国維の人生の困窮を挙げ、ある者は清王朝に忠誠を尽くしたのだと言い、ある者は羅振玉が借金の返済を無理に迫ったのだと言い、またある者はショーペンハウアーの悲観的哲学が影響したのだとも言い、さらには多少は意味深げに当時の革命軍の北伐が一歩一歩近くに迫ってきたからだとも言われた。そしてその遺書の中にある「義は再び辱められることはない」の文字が、あたかもその死の原因が明らかにしようがないというようだった。以上のように様々言われたが、世間に説明するのは難しく、知人にはいっそう難しかった。身内にとって「中国文化」の王国維は決して常識的な平凡な考えでその心の思うところ、物事について深く考えるところ、痛切な配慮の所在を窺い知ることはできない。よって上述の各判断はすべて記録によって調べることができるが、しかし全くのでたらめともいえる。その調べることができるところから言えば、それぞれが挙げた要因は的確に王国維の自殺をさししめしており、例えば幼い頃母を亡くし、中年には妻を亡くし、晩年には子を失ったというような特殊で寂しい人生、生きてゆく上での数多くの困難、内においては王熙鳳のような押しの強い後妻を娶り、外には友人であった羅振玉と仲たがいをした。加えて民初の社会、政治の潮流と文化理想との衝突……すべての因縁により王国維の昆明湖への足跡が作られた。王国維が極めて深い理解を持ち、同情を感じていた『紅楼夢』の中の大観園での数々の災難のように、その石のような性質と合わせて、最後に賈宝玉におきた切り立った崖から手を離すような悲劇と同じような結果となった。しかし以上のような諸因の中の一因をもって、王国維の死の文化的含意を知るには不十分である。具体的な原因のどれも、その死の原因とするには不十分なのである。かえって種々要因を合わせたものが、その人生にとって苦痛だった体験と数千年の古い歴史を持つ中国文化の運命の幻滅感を引き起こした。まるで悪夢にうなされるように、王氏の大清皇園の一面の湖水の中への入水を引き起こした。

王氏の自殺、すなわちその深層の本質と論理は疑いなく文化的涅槃の意味を持っている。これに対し、唯一王国維と文化的生命の意見が通じ合っていたもう一人の中国学の大家、陳寅恪はその理想にかなった死因に最も深い同情的理解をした。陳氏は「王観堂先生挽詞併序」の中で指摘している。

これは「中国文化にすべてを託した」中国学の大家が、もう一人の文化大家に対して示した極めて深い感情的な理解であり、歴史及び文化生命の深い洞察的理解を含んでいる。「涅槃」には元来二つの意味がある。一つは死ぬこと、もう一つは永遠に生きることである。王氏の入水は文化的涅槃の意を備えている。一つは自然生命の拒絶を対価に昔からの文化とともに滅びることを願うものである。もう一つには王氏が自発的に有限の生命の形を拒絶することをもって、古い歴史文化生命とその命運をともにし、とこしえに生きるという意味がある。

二　「文化的涅槃」の解釈

聞くところによると、ある海外の学者が陳寅恪の王国維入水についての「文化的涅槃」に対する極めて豊かな哲理による追悼に基づいて、王国維と陳寅恪の二人を「文化遺民」と称した。この学者が「文化遺民」に対して具体的にどのように解釈したかはひとまず置いておいて、「遺民」とは確かに中国の歴史上極めて重要な文化現象の一つである。「周の粟は食わず」と言って餓死した首陽の伯夷、叔斉以来、遺民は中国において古代の知識人階層が自己の価値観、理想を固く守る一種の伝統となった。この伝統は数千年経ても衰えず、かつ王朝が変わる際、いつも異なる時代で同じテーマを演じている。心を前の王朝につなぎ、新しい王朝に仕えない。ゆえに宋が滅びて宋の遺民があり、明が破れて明末遺民が生まれた。しかしながら王国維的な文化遺民のあり方は歴代の政治遺民と異なる点がある。それは王朝に固執するのではなく、文化全体に執着し、帝位にあった一家の姓に一人忠義を尽くすのではない。そして抽象的な文化精神あるいは倫理原則に一人忠を尽くすのである。例えば伯夷、叔斉的な遺民が厳守したのは、なにがしかの姓を持つ王朝の盛衰あるいはなにがしかの倫理秩序と政治構造の存亡だが、王国維が一文化遺民として体現したのは、一種の歴史あるいは文化の理想にかなった精神であり、すなわち歴史がどのように進化するかに関わらず、文化はかえって「独立して改めず　周行して殆《あや》うからず」とし、時間と空間を超えた絶対的な価値があるとした。王国維が陳寅恪の言うようにすべての文化精神を凝集した後、王氏の命は歴史にとって常識を超えた意味をもつ。ここにおいて生命の空間性が消え、その命は歴史的時間性に身を置くこととなる。また生命の文化精神の凝集は王国維というこのような歴史的人物を二度と言葉が美しくかぐわしいだけの感受者にはせず、その存在自体をかぐわしさそれ自体とした。歴史的進化あるいは歴史的交替について言えば、いわゆる文化遺民は文化そのものと言え、王国維はちょうど存在自体が象徴だった。もし歴史的進化論の前提を越えることができるとすれば、人々は王国維の入水が歴史に見捨てられたためではなく、その生命が高貴な態度による指摘と拒絶をもって、一部の疑わしい歴史を見捨てたということに気づくだろう。ここで肝心なのは受け身的に捨てられたのではなく、自発的に拒絶したことである（李劼『王国維自沈的文化芬芳』、「学人」第八集、五五八頁）。

王国維の高遠な生命の境地についてもっとも深く理解していた陳寅恪は、この理解のためにそのすべての生命も王国維と同様の境地に達していた。若い頃陳寅恪もかつて儒家の志をもち、世を治める学問を胸に抱いていた。陳氏はとっくに中国歴史がその美を理解するための多角的な視点が欠如していることに見抜いていたけれども、友人への手紙の中で中国哲学、美術がギリシャに及ばないとの考えを示した。しかし古代の中国人はもともと政治および実践倫理学にたけており、ローマ人にもっともよく似ている。その言葉、道徳は実用的なものだけを重んじ、虚しい理屈を究めようとはしなかった。陳氏は同時に国を救い治める実学は必ず精神の学問（いわゆる形而上の学問）を基盤にしなくてはならないと考えていた。すなわち陳氏は一方で秦・漢時代後、孔子・孟子の教えをもって、主だった中国倫理本位の文化は虚しい理屈を究めようとしないのに、もう一方では虚理（哲学あるいは形而上学）を国を救い治める学問の根幹と見なしている。この矛盾も陳氏を不安にさせた。王国維の入水に至って、陳氏は虚理（哲学あるいは形而上学）と世を治めることはまったく一致せず、文化精神は歴史の進化の域を超えることができ、単独で光り輝き存在することができることをにわかに悟った。

ここから文化と世を治めることの間において、後には引けないといったように、自分の文化的役割を引き受け、二度と儒教を志すことなく、塵を洗い落とし、独り光を放ちながら存在し、壁立千仞の悲願をもって、全身心で『柳如是別伝』を著述し、その悲願を叶えた。まるで『紅楼夢』に出てくる大観園の女児世界の悲しみ、苦しみの中からすべての歴史と人間が持っている自然の性質の喪失を指摘するのと同じように、一部の明末清初の王朝の興亡、異民族侵入の歴史に対する念入りな考証と解釈を通して、志は高いが身分の賤しい才知にたけた光り輝く女性を『柳如是別伝』に描いた。『資治通鑑』的な歴史情勢は、柳如是のようなか弱い女性を引き立てる背景となった。陳氏は曹雪斤と同じように歴史文化のために美の視点を確立し、その意味で王国維の入水と同じく、まさに見失われた歴史のために得難い文化精神を打ち立てた。陳氏は王国維のように自殺を選ばなかったが、しかし晩年生命の筆をもって、血と涙を墨として、大著『柳如是別伝』を書き、王国維の死と同様、かぐわしい精神を手に入れた。

さらに深く王国維の文化的涅槃の内に込められた意味を理解するため、王氏の自殺と梁済の入水の意義について簡単に比較してみよう。王国維の自殺からさかのぼること約九年、一九一八年十一月十日の明け方、梁済は北京城北の浄業湖畔の建物で遺書を書き上げた後、書斎を出て湖に身を投げた。自殺する前梁済は途切れ途切れに家族、友人、世間の人々への遺書を全部で十七通書いて封をした。一九一九年梁氏の忘年の友人である林墨青がその主だった手紙を編集して本にした。題名は『遺筆匯存』である。後に梁漱溟が父のために編集した『桂林梁先生遺書』第一巻に収められている。ここ数年来の歴史において、梁済は自殺前、極めて普通の、名声も持たない人であり、声望栄誉のきらめく新学者でないことは言うまでもなく、時代の趨勢の外にいる遺臣たちの中でもほとんど影響力を持たない、数にも入らないような人物だった。しかし梁済の独り清廉な品性は東方の異民族の下にはなく、その道徳的人格は同時代の数多くの文化著名人も比肩することができないほど優れていた。梁済の自殺は、本物の遺民の性質をはっきりと示した。自ら生命の選択をする上で、慷慨をもって正しい道理に向かった譚嗣同と近かった。しかしながら梁済の死は非常に明確である。梁済はその数万言に上る遺書の中で何度も自殺をすることで人々を救済するということを、はっきりと述べている。周りに左右されず、独り道に殉ずるというひどく悲しみ痛む心情は、人々に尊敬の念を抱かせた。さらにその中に正直さと剛直さが含まれていることは言うまでもない。

しかし残念なことに、梁済の知慮はまだ真理である無言の境地には達していなかった。古代人は「大道無形、大音稀声」と言った。宇宙人生の実際と、文化生命の本性はすなわち言葉にしようがない。王国維は入水前に数編の短い遺書を残したが、数件の細々したことを除いて、ただ「義は再び辱められることはない」という言葉と、その死の意味だけが関係あるが、この短い言葉の字面に表れている意味は王氏の志の究極的な配慮を洞察するには不十分すぎる。よって王国維的な入水の自覚は死ぬ前の宣言のためではなく、死の沈黙に対するためのものである。それは捨てられる生命、自発的に拒絶した生命が言い表しようがない、ということである。王国維の声なき入水に対して、梁済の死は明らかに芝居がかっており、シェイクスピアの劇中でリア王が世の人々に向けてとても長い心の内の独白を朗唱しているのと同じである。その実、文化生命がその感受者に相対する時、それは言葉により決まるのではなく、以心伝心で伝わるものにより決まる。王国維の入水はほとんど表面的な言葉にらないが、しかし陳寅恪のような理解者は自ずとその意味を悟ることができ、理解しない多くの凡庸な人々は悟ることが難しい。何故ならば彼らの生命本質の理解は全く異なる理想の境地に属しているからである。生命の歴史に対する真の拒絶はなにがしかの意味の否定に他ならず、もっとも徹底した否定は沈黙以上のものはない。『紅楼夢』の中で賈宝玉が切り立った崖から手を離すのと同様に、王国維の悄然とした入水並びに陳寅恪の「若い女性を称えるばかりの本を著す」ことも、またこのような「無言」であり、拒絶それ自体に歴史の理想にかなった視点ないし歴史そのものを作り上げている。『紅楼夢』の存在、王国維の入水、『柳如是別伝』のために、人々が語る歴史において、帝王将相の歴史、農民の蜂起の歴史、改良革命の歴史、科学技術の進歩の歴史であると同時に、我々は同様に生命の本性の歴史、文化精神の歴史が存在すると語ることができる。言葉は決して真の文化生命の理解者ではなく、暴力はさらに歴史の唯一の動因とは言い難い。国運衰退、人間性の沈淪、文明異化の時期に、無言の拒絶は一切に対してもっとも根本的で究極的な批判を作り上げる。

王国維に比べて、梁済は結局歴史について霧を隔てて花を見るようにはっきりと見えておらず、したがって世間の気風が悪くなり、人の心が純粋さを失ったと感じる文化人倫の立場から、国運の衰えと人間性の零落を非難する。このような儒家の気概は甚だ林紓（清末・民国期の翻訳家）に近く、王国維とは異なる。歴史に対する究極的な批判としての王国維の入水は、歴史の根本的な問題に触れており、換言すればそれは陳寅恪がかつてかすかに見た中国の歴史の美を理解する精神の乏しさである。王国維は「論哲学家与美術家之天職」の中で「我が国は純粋な哲学がなく、その最たるものは道徳哲学と政治哲学のみ」とし、中国文化中の「美術の独立した価値がなくなって久」しくなった時、王氏が見る所のものは周・秦時代後からの不完全さおよび不完全さが招いた文化的命脈の衰微である。王国維が指摘した西洋哲学思想が「好きだが信じられない（非理性的な学派）、信じられるが好きではない（理性を強調する学派）」という二種類の類型に分かれる時、王氏はこの二種の哲学が中国文化に共通に欠如していることを発見した。春秋戦国時代以降から、中国文化体系の中にはすでに「好きだが信じられない非理性的な学派」の純粋な哲学と美学はなかった。そして「信じられるが好きではない理性を強調する学派」の論理と実証科学もなかった。この文化の不完全さの認識に基づいて、王国維は無言の入水を選択し、賈宝玉と全く同じように女神であり、キューピッドであり、詩魂である林黛玉および大観園の女児たちの世界を基準の生命とし、真理が消滅し人間性の零落を招き、最後には切り立った崖から手を離すこととなった。そして愛すとも恨むことのできない世界を、一部の美を理解しない視点の歴史と一緒にその生命を捨て去った。しかしながらその王国維の入水と賈宝玉の崖から手を離すことは、歴史にとって理想にかなった存在の次元を確立した。したがって破損した文化空間の中に理想的な生命の魂を吹き込んだ。この意味から見れば、王国維の入水、賈宝玉の崖から手を離すことおよび陳寅恪の「私は今盲目の老人が持つ太鼓を背負い、人間の尽きない情について説きつくした」という低い呻きは皆同じ歴史文化的意味を持っている。ここにおいて、生命は人の世の生存体験に対して苦痛で、限界があり、入水者の生命は一部の悲劇を怖れ覆い隠すことを口実に、優しい嘘偽りの形式的な殺戮をもって生命の歴史の中で悲劇の幕を開ける。王国維の入水は静かで「上品な形式」をもって、梁済の世の人への警告と譚嗣同の慷慨悲歌の純粋さ、非功利的さ、生命の理想にかなった美を理解する気概で異なる。王国維の上品な死に比べ、梁済の死は途方に暮れており、譚嗣同の死はいらだっている。ただ王国維だけが安らかに死に、まるで一条の淡い青煙のように昆明湖面の方々に漂ってゆき、天地の間をまとわり、人の世の苦しみを観照し、歴史の災難のような変化を観照し、人倫の秩序の異化と人間性の零落を観照した。よって我々は王国維の昆明湖への足取りが決して途方に暮れたものではなく、いらだったものでもなく、生命の理想に満ち溢れた、優れて恬然としたものだったと察することができる。惜しむべきは、当時この境地を理解できたのは陳寅恪だけだったということである。

王氏の入水に沿ってその人生を遡ってみると、この戦乱に埋没した、世に抜きんでている学者がちょうど近年の歴史のもっとも重要な歴史的標石の一つであることがわかる。その意味は、陳寅恪が晩年感極まって詠んだ挽詩「文化神州喪一身」に見ることができるかもしれない。「古今の事件に通じた」歴史学者として、ただ陳寅恪だけが王国維の死の文化的に重要な意味を見抜き、王氏の入水の「文化的中国」の象徴的意味を見抜いた。当時の多くの評論、すなわち陳寅恪が言うところの「些細なことにこだわる」学説は、近世の学者が「観念のとらわれ者」という学識の浅いものを除いて、さらに何を論ずるに値するだろうか。もし王国維について深く述べるなら、王氏が紅楼夢について詳しく述べたように、深く広い学識の他、宇宙そのものと生命の理想的な状態について大悟することが必要不可欠だ。これらの道理を理解して、初めて「王国維の入水は生命の消滅ではなく、自殺という方法を以って生き生きとした開花をし得た。ここから生命が捨て去られた世界の生気のなさが反照される」と、透徹することができる。「ある者の言うには、ここにおいて自殺は生命に存在の方法を与え、永久不変の境地に入らせる、一種独特な涅槃と見なすものである」。

三　存在の意味のために苦しむ

生きる道を求めるのは人間の本能であり、生命を拒絶することはいかなる人にとっても苦痛である。しかし王国維は死神に相対した時少しの困惑もいら立ちもなかった。それは王氏が生命の本性が苦痛そのものだと見なしていたからである。王国維は若い頃ショーペンハウアーの悲観哲学とニーチェの超人説に信服していた。王氏からすると苦痛と共に来て苦痛と共に行く、苦痛の煉獄をつぶさに経験することは、天才あるいは「超人」の宿命だった。常人も苦痛の煉獄からは逃げ出せないが、しかし常人の苦痛は天才のそれよりも小さいものである。それは常人の苦痛とは生活の中の苦痛であるが、これは限界のある現実的な苦痛だ。しかしながら天才の苦痛とは生活の「意味」を追求する苦痛であり、その苦痛には限界というものがない。有限の現実的苦痛は超越することができるが、絶対的な理想の苦痛は、それ自身が苦痛であり、超越のしようがない。よって天才は苦痛の中で生命の元の状態を体験するより他ない。

生活の中の苦痛のために苦しむ、この種の苦しみは生活の改善により脱することができる。しかし生活の「意味」のために苦しむ場合、そこから脱しようがなく、ただ「偉大な形而上学」、「大きな倫理学」、「純粋な美学」を通してのみ精神の自由をえることができる。あるいは「生活の欲」を根本から消し去って後、得ることができる。天才は現実の生活の有限性と功利性を超越することをもって精神の自由を追求し、よって哲学と美術は天才が心を寄せる理想の世界となる。

王国維によると、偉大な形而上学が示す真理は言語や現実の功利性が作り出したのではなく、天才の生命の川の中から流れ出るものである。純粋な美術はなにがしかの具体的な実用的功利性が創造したものではなく、天才の元の生命が自然に示したものである。哲学の真理と芸術の美を理解することの助けを借りて、主体精神をもっとも真実でもっとも美しい自由の境地に入らせる。またすなわち生命の歴史における純粋さを観照する。しかしながら主体精神の自由は現実の自由を待たず、天才の主体的意志は現実の生活において依然として因果の法則、時間空間の制限を受け、政治制度と道徳規範の重い重い制限を受ける。よって天才はその理想の超越性によって必然的に現実世界の冷遇と孤独に遭う。これに対し、ショーペンハウアーは「意志と表象としての世界」の中で非常に詳しく述べている。ショーペンハウアーは天才とその時代は常に矛盾、衝突の中にあると考えていた。天才は彼の時代に入った時、彗星のように諸々の惑星の軌道に入っていくようだ。天才は完全に中心の軌道から外れ、諸々の惑星のすでに出来上がった規則またはわかりやすい序列とは、全く関係がない。天才の理想はすべて時代的なもののためなので、よって天才は現実の中でいつも容易に誤解とペテンに遭いやすく、「ずるがしこい者の道具」になり、はなはだしきに至っては社会から悪と見られる。天才はこの一切に対してかまわず放置することができるにも関わらず、いつも孤独と仕方がないという感覚を感じる。

理想と現実の矛盾について、哲学と芸術は精神の上においてのみ超越するので、客観的解決には無力であり、そこで王国維が哲学の自由の王国に疑いを持った時、この疑いは王氏が「哲学に疲れる」根本的原因の一つとなった。

「信じられるが好きではない（理性を強調する学派）」哲学は広義に言えば一切の唯物主義哲学を指し、狭義に言えば十七、十八世紀のイギリス経験論とフランスの機械論的唯物論およびベンサム、ミユーラーの功利主義倫理学と実証主義的哲学を指す。「好きだが信じられない（非理性的な学派）」哲学は広義には一切唯心主義哲学を指し、狭義にはカントの批判哲学とショーペンハウアーの唯意志論を指す。経験論と先験論の対立、実証論と形而上学の対立、これらは西洋近代哲学史上人々の注目を集めた現象である。この二種類の思潮の対立は、近代以来の科学と人生が関連を失ったことを反映し、理性と愛情の不調和を反映している。まさにこの二つは王国維が深く感じた「好きと信じられる」の矛盾であり、思想上の極めて大きな苦悶を生み出した。王国維から見ると、科学主義哲学と功利主義倫理学は社会の進歩には有益だが、この種の手段的理性は我々の精神を落ち着かせるには、最終的には不足であり、よって「信じられるが好きではない」となる。唯心主義哲学は例えばカントが批判した形而上学とショーペンハウアーの唯意志主義が提唱する「偉大な形而上学、大きな倫理学、純粋な美学」を価値理性とし、人々に安心立命の絶対的依拠を可能にさせるが、かえって科学的あるいは経験実証的根拠に欠け、よって「好きだが信じられない」となる。学を治め少しもおろそかにしない学者として、王国維は理智上において科学実証主義を支持したが、天才的な詩人と美学家としてはカント哲学とショーペンハウアーの非理性主義と唯意志論が好きだった。「好き」と「信じられる」の矛盾は王国維の心を寄る辺なくさせた。さまざまな苦悶、精神的危機はこの哲学の天才を「哲学から文学に改め、その中に直接の慰めを求めんと欲する」と決心させた。

四　人生の「悲劇の中の悲劇」

文学研究と美を理解する世界で、王国維の孤独で仕方ない魂はしばしば落ち着きとはげましを得た。

王氏は感情においてショーペンハウアーの貴族主義、悲観主義に共鳴を感じた。彼は「ショーペンハウアーの哲学および教育学説」等の文章で系統的にショーペンハウアーの学説を紹介している。ショーペンハウアーは意欲とは生命の本質であると考えた。欲望の本来の性質は不断に外に向かって追求される。一つの欲望が満たされるとまた新しい欲望が生まれ、よって人間の欲望とは終始不満足な状態であり、人生は常に苦痛なものである。どのようにその苦痛の状態を抜け出すか。ショーペンハウアーは「美しさとは何か。我々と利害関係を持たず、我々が美しいものを見る時、ある個人との利害について知らないものである」と考えた。美を理解する中の「我」は「純粋に無欲な我」である。よってしばらく利害の桎梏から逃れることができ、しばし苦痛を免れる。しかし芸術の美を理解することによる開放は一時的な「忘我」であり、最終的な解脱をするには仏教の涅槃の境地に達するより他ない。すなわち生活の欲を完全に取り去ってはじめて実現する。これについて、王国維は完全に同意している。「世界の根本は生活の欲によって存在し、ゆえに苦痛と罪悪感によって充たされる。生活の欲以上を主張しているものは向かうところどこでも罪悪ではない。よって最高の善とは、自己の生活の欲を完全に消滅させ、かつ一切の生物にこの欲すべてを消滅させ、共に涅槃の境地に入るところにある。このショーペンハウアーの倫理学上最高の理想である」と王国維は述べている。この種の悲観主義的観点は王氏の『紅楼夢』という悲劇的作品の理論的基礎となっている。「紅楼夢評論」の中で、冒頭に人生の悲劇性を示している。

王国維とショーペンハウアー、釈迦、荘子は同じように、生活の本質は欲望の衝突であり、物質は有限だが欲は際限がないとはっきり認め、これは人生が「苦痛と世界文化の発展」の悲劇性であると決定している。

王国維は『紅楼夢』の美学価値と倫理学的価値は芸術の形式をもって人生の悲劇性とそこから抜け出す道をはっきり示したところにあると考え、ここから「全世界の大著述」、「徹頭徹尾の悲劇」、「悲劇中の悲劇」と言うことができる。王国維が言うには、「ああ、全世界は生活の欲のみだ。この生活の欲の罪は生活の苦痛をもって罰を受ける。これが全世界の永遠の正義である。自ら罪を犯し、自ら罰を加え、自ら懺悔し、そして自ら脱する。美術の務めは描かれた人生の苦痛とその解脱の道において、私に頼りになる輩の徒とさせ、桎梏の世界の中で、生活の欲の争いから離れ、しばしの平和を得させる、この一切が美術の目的地である」（紅楼夢評論）。『紅楼夢』の美学的価値はここにある。『紅楼夢』は大観園の中の女児たちの涙をもって、倫理異化による世の中の苦痛を再現し、林黛玉をもってして愛情のいら立ちと憂え悲しむことにより死んだ悲劇をもって、愛が人生の苦痛であるという真諦を示している。宝玉の最終的な崖から手を離す悲劇的結末は中国文学芸術のなかで欠いているものをあえて直視することで、人生の苦痛と自我の救済の悲劇的精神を示した。この悲劇的精神が突出しているので、王国維は『桃花扇』と『紅楼夢』を対比して、前者は具体的苦痛からの解脱であり、「道士の言葉」を信じて解脱し、人生の意義について深く洞察した大悟ではないので真の解脱ではないと考えた。『紅楼夢』の中の賈宝玉の解脱は、いやというほど「生活の欲」が作り出す苦痛を受けた後、ついに全存在人生の真相を悟り、肩の荷を下ろすところを求め、生活をもってかまどにし、苦痛をもって炭とし、その解脱の鼎を鋳た。賈宝玉の切り立った崖から手を離すような結果は生活の欲に対してもしくは生活自体の自主的な拒絶であり、放棄を強いられたのではない。よって『桃花扇』

の解脱は他律的なものだが、『紅楼夢』の解脱は自律的なものである。かつ「『桃花扇』は男主人公と女主人公に仮託して、故国の悲しみを描いており、人生について書いたものではない。ゆえに『桃花扇』は政治的であり、国民的であり、歴史的である。『紅楼夢』は哲学的であり、宇宙的であり、文学的である。『紅楼夢』は我が国の人々の精神を背負い、その価値はすなわちここにある」と王国維は述べている。『紅楼夢』の悲劇性は『桃花扇』よりも高く、王国維から見ると、一切の歴史的、政治的功利性を超越しており、人間性自身の悲劇を提示している。そして古今を貫く永久不変の芸術的魅力を備えており、『紅楼夢』が示す、「自ら罪を犯し、自ら罰を加え、自ら懺悔し、そして自ら解脱する」という面と向かった人生、自己を救う悲劇の魂は純粋な美学的価値と大きな倫理学的価値を備えている。同様の理由に基づいて、王国維は賈宝玉の切り立った崖から手を離すようなやり方が人生の苦の大徹大悟に基づく生活の欲の自主的な拒絶であるので、賈宝玉的な解脱のみが本当の解脱であると考えた。どちらかと言えば、「金釧の井戸への投身、司棋の触壁、尤氏、潘又安の自害などは解脱ではない。その欲するところを得れなかっただけである」。欲望を満たせず死を選ぶのは、自殺ではあるけれど依然として功利の境界にいるため解脱にはならない。「解脱の道は世俗を超越したところにあり、自殺にはないからである。世を超越した者は、一切の生活の欲を拒絶するのである」。ただ「生活の苦痛から逃げる場所はなく、求める人は生活の域にはない」と徹底的に悟り、やっと真実の解脱であり哲学的解脱である。王氏の意見によると、ただ賈宝玉だけがこのような解脱を得、惜春と紫娟がこれに似ていた。

『紅楼夢』第百十七回に賈宝玉と和尚の対話の情景が書かれている。

『紅楼夢』第百十七回

「ところでてまえ、おたずねいたしたき儀がございます。お師匠さまにはやはり太虚幻境よりお越しにになりましたので？」

するとその僧は答えて、

「幻境もへったくれもない、要するにきたところからきて、ゆくところまでゆく、ただそれだけのことじゃ。わしはあんたの玉を送り届けてきた。では、こんどはわしからあんたにたずねようぞ。あの玉はどこからきたかの？」

この問いかけに、宝玉、急には返事ができずにいますと。僧は笑いながら、

「ほう、あんたは自分のきた道すらご存じなしか、それでいてわしに聞くとはな！」

宝玉はもともと目から鼻へ抜けるほど聡明な生まれつき、そこへもってきて暗示が与えられ、早くも浮き世の性を看破っていたのですが、さすがにわが身の素性についてはかいもくまだわかってはいません。そこでかの僧から玉のことを聞かれたとたん、さながら脳天にはしっと一棒喰らったかのごとき感に打たれ、

「あなたさまはもう銀子もご入用ではございますまい。わたくしもあの玉をお返しいたします」

こういいました。すると僧は笑いながら、

「されば、やはりわしに返すのが本当じゃろうて」

（『中国古典文学大系　第四十六巻』伊藤漱平訳、平凡社）

王国維はこの段の話を非常に重視していた。王氏は紅楼夢の一部の「仔細」がこの対話の中にあると考えた。いわゆる「自己の仔細を知らない者」は生活の苦しみがすべて自己の生活の欲が自ら作り出したものだとは知らない。賈宝玉の持つ「玉」とは人生の欲の代名詞にすぎない。この玉とは当初女媧が石を練り天を補った時、大荒山無稽崖で練り上げた巨大な石で、使う用がなかったので青埂峰の下に捨て置かれたものが、久しく風雨に耐え能力がつき、自ら去来し、大きくも小さくもなれる「通霊宝玉」となったものである。この石はちょっとした心得違いから人間に落ち込み、人生の苦の先天的根となった。栄国府の中の興亡、大観園の女児世界の変転浮沈、ひいては百二十回におよぶ『紅楼夢』の中でこの石（通霊の玉あるいは生活の欲）に関わらないものはない。『紅楼夢』はこの生活、この苦痛が自ら作り出しているということを実際に示しており、またその解脱の道も示し、自ら求めなくてはならない（「紅楼夢評論」）。本来浮世に間違って入ったのは石自身のみであり、彼岸に引き上げてくれるのも、また石ころ自身のみである。賈宝玉はひとたびにわかに悟り、そこで自主的に「玉」を返し、この人生悲劇から抜け出そうとした。

歴史の前において、『紅楼夢』は本質的であり、よって悲劇の形式をもっていともたやすく中国正史の記載した疑わしい歴史を覆している。同様に『紅楼夢』の前において、王国維も本質的であり、よって王氏は一度通して読むと『紅楼夢』は中国人の精神と大きく矛盾すると指摘した。王国維が『紅楼夢』を「悲劇中の悲劇というべきである」と指摘した時、『紅楼夢』が中国伝統文化の矛盾する意味に対して、偉大な形而上学、大きな倫理学と純粋な美学を含んでいると言った。ちょうど中国の伝統的な文人、詩人があえて悲劇の美学に直面しようとしなかったように、後世の者も王国維の入水の悲劇的精神に相対そうとしなかった。後世の者たちは「居て心配し憂えかつ言って心配し憂える。しかも解脱を求める勇気もない。すなわち天国と地獄、両方を失う。その境涯は陰雲を除いて空に撒くようであり、見渡す限りの沼地で、確かに得るところは何もない」（紅楼夢評論）。この一文は中国人の悲劇性の欠乏を看破しており、天国に上る次元もなければ地獄に入る勇気もない。王国維の理解に基づくと、まさに悲劇を感じることができる才能は、賈宝玉的な者であり、西門慶的な人間ではない。林黛玉的な人間であり、薛宝釵的な者ではない。賈宝玉は心から愛し、林黛玉ははっきりと恨んでいた。一人は本心からの愛で苦しみ、最後には切り立った崖から手を離すこととなり、濁世にその身を投げ捨てて行った。一人は本心からの恨みで苦しみ、最終的には「本質はきれいに来てまたきれいに去ってゆく」と言い、「天地の果て」に自らを葬るかぐわしい場所を探した。王国維は賈宝玉的な純真さ、林黛玉的な孤高な潔癖さは完全に相通じていると考えた。林黛玉が「花が色あせ空に舞う」情景にうなだれ、感傷に浸った時、王国維は「二人のうちどちらが幻想でどちらが真か」という疑問を提起し、その答えは花が目にもあやに乱れ散るような困惑である。生命はこのような追及を経て、まるで教会の鐘の音と同じように世界の果てを目指し、各自のかぐわしい場所へ向かって飛んで行った。賈宝玉が本心からの愛に苦しみ、しまいには生命の悲しみ憂いを帯びて切り立った崖から手を離し、「白く果てしなく広がる大地」において自我の悩みが氷解した時、王国維は静かに昆明湖に向かった。この文化に秀でた王国維は澄み切った湖の中をもって涅槃とした。

第二章

荘子の精神世界

第一節 儒家の信念に対する否定

儒家の倫理・責任は王道が歴史の真諦であり、国家が正義の化身であり、両者が君子の人格をもって実現し合わさると信じることを前提としている。荘子はまずこの前提を根本的に疑い否定している。荘子の理解に基づくと、王道と国家は決して絶対的な意義、根拠を持っていない。国家は強力で王道は麗しく感動的だが、ただそれだけである。ところが実は歴史と国家の正体は人に逃げ場のない脅迫的な苦境をもたらす種々の社会形式を作り出している存在にすぎない。人々にその社会形式と賭けをすることを強いるのである。人は賭博に加わる権利を持つだけで、拒否する自由はないらしい。荘子の一生はすべてこの賭けを拒否するための可能性と努力である。

荘子の前に、かつて老子が国家およびその国家のために奉仕する倫理原則について非難している。老子は「大道廃れて、仁義有り。智慧出でて、大偽有り。六親和せずして、孝慈有り。国家昏乱して、忠臣有り」と指摘し、よって「智をもって国を治むるは、国の賊なり。智をもって国を治めざるは国の福なり」ということになる。統治者はただ心静かに自然の成り行きに任せ、天下の人々を自ら富ませ、自ら質朴であらせ、自ら足らせ、大国を治めること小魚を煮るようにすればよい。荘子はもう一歩進めて考え、国家は実際のところ少数の政治家、野心家が権力を奪い合う道具であり、嘘偽りと残虐さが満ち満ちていると考えた。国家のどこが何の仁義を体現しているのか。刑罰のみ、虚偽のみ、奸計のみである。

「仁義の道徳を備えてそれを矯正しようとすると、仁義までいっしょに盗んでしまう。（大泥棒のすることはこそ泥とは違うのだ。）どうしてそのようなことが分かるか。あの帯鉤を盗んだものは罰せられるが、国を盗んだものは諸侯となり、その諸侯の一門にこそ仁義の道徳が集まる。してみると、これは仁義や聖知の徳までも盗んだものではなかろうか。」（『荘子　第二冊外篇』金谷治訳注、岩波書店）

仁義の国家を標榜するが、国を盗み、国民を愚民にする道具にすぎない。ここから屈原のような悲劇が出現するのは必然である。「君主はその臣下が忠誠であることをだれしも望んでいるのだが、臣下が忠誠でもいつも君主に信用されるとは限らない。だから伍員は（呉王に忠誠をつくしながら）屍体を長江に棄てられ、萇弘は（周のために働きながら）蜀の地（四川省）に流されて死んだ。（蜀の人が同情して）その血をしまっておいたが、三年たつとその忠誠が固まって碧い色の玉になったという」（『荘子　第四冊雑篇』金谷治訳注、岩波書店」）。王道と国家の信頼性に対する疑いに基づき、荘子は一人の政治家あるいは為政者のためにその力を尽くすことを拒否した。史記には楚王が荘子のことを聞きつけて「千金」の懇切な礼儀をもって宰相に迎えようと使者を出した。すると荘子は使者を追い払って言うには、ドジョウのように泥水の中で自ら楽しみ、「国王のために束縛されたくない」とのことだった。荘子は自己に対して「一生出仕せず、自分の志を楽しむ」という望みを立てていた。荘子は確かに政治行為が自己の人格の純真さを汚し、自己の自由な本質を喪うことを心配していた。荘子は終始関心を持った最大の価値があるものは、儒家のいわゆる君主を補佐し天下を治める倫理義務ではなく、いかに純粋な本性を保ち、養生して天寿を全うし、人生の賭けに参加せず、自由自在に天然の本来の姿を保つ「真人」であれるかだった。このためどうしても官界や名利の場から出てゆく必要があった。もし個人の本性の意義を「王道」や国家などの嘘偽りの価値の上に打ち立てれば、それでは全く意義が逆さになり、「我を喪う」ことになり、このようでは必ずでたらめになることを避けられないと荘子は考えた。

国家と歴史は絶対的な価値や意義を持っていない。では何が絶対的な価値や意義なのだろうか。荘子はただその言葉を超えた形であり、それ自体がすべての存在の本源であり根源である「道」が、宇宙万物の存在の本質生命と絶対的な根拠であり、人はただ儒家の「小道」を放棄し、「外物（物欲）を制御し、外物（物欲）のために駆り立てられない」大道に身を託し、ゆだねることで自我を定義し根本を理解できると考えた。

「一体、道とは、実在性があり真実性がありながら、しわざもなければ形もないもので、身に受け治めることはできても、それを人に伝えることはできず、身につけることはできても、その形を見ることはできない。それ自体すべての存在の本源とも根拠ともなるもので、天地がまだ存在しない昔からもともと存在し、鬼神や上帝を霊妙にし、天や地を生み出すのだ。（大空のきわみである）太極の上にあっても高いとはいえず、この世界の下にあっても深いとは言えず、天地よりも前に生まれていても久しいとはいえず、大昔から存在しつづけていても古びたとはいえない。」

（『荘子　第一冊内篇』金谷治訳注、岩波書店）

この段を読んでいるといささか不思議なようである。その実、荘子が言う意味はとても明白で、荘子は自ら矛盾するような話を用いて、人々が「道」を一具体的な事物と認識しないよう導いているのである。具体的な存在はすべて有限の存在であり、ゆえに伝えられるものはすなわち受け取ることができ、得ることができるものは見ることができる。「道」は一具体的な存在ではなく、一切の「存在」の根拠となる純粋な存在であり、ここから伝えられても受け取ることができず、得ることができても見ることができない。具体的な存在は時間と空間の中の存在であり、「道」は一種の具体的な存在ではないので、時間と空間の内には存在せず、「高い」「深い」「久しい」「古い」などの時間と空間を形容する言葉は「道」の存在性を説明するには用いようがない。それならばこの時間と空間の中に存在しない存在は、ただ一種の観念的存在として理解することだけができる。あるいは抽象的な存在、老子が言うところの「無」である。具体的な存在はみな一種の関係的存在であり、あるいは相対的な存在である。しかし「道」は「無条件的」なそれ自身が自己の存在の根拠である。したがって一種の絶対的な存在である。この絶対的な道体を荘子は「一」あるいは「独」と称した。「大宗師」の中で荘子は上述の段の話をした後、ついでこの「それ自体すべての存在の本源とも根拠ともなる」（『荘子第一冊』金谷治訳注、岩波書店）とし、道はすなわち天は天、人は人、鬼神は鬼神とする根拠であると語っている。「道」は宇宙万物の本性の生命とし、万物の存在の合理性を与え、万事万物をそのような様子にさせている。荘子は具体的な存在は相対的、有限的な知識を獲得できるだけで、一旦万物根源の極みである「道」を悟ると、奥深くを見る心と天地の本性生命が一つに合わさり、心は一種の超越的な究極の配慮と絶対的な精神のよりどころを得、「独り天地の精神と往来」する自由の境地に入る。

この境地に入った人、荘子の言う「道を得た（人）」、道を得た「真人」になってやっと絶対的自由とあか抜けた振る舞いを得ることができる。

「至人は霊妙である。大きな沼沢の草むらが燃えあがっても熱がらすことはできず、黄河や漢江の水が凍っても寒がらすことはできず、激しい雷が山をくだき、つむじ風が海をゆり動かしても、驚かすことはできない。このような人物は、雲や大気に乗り日や月にうちまたがって、この世界の外に出て遊ぶのである。生死によってさえ心を動かすことがない。それをましてや利害のあらわれなどはなおさら心にとめることがないのだ。」（『荘子 第一冊内篇』金谷治訳注、岩波書店）

荘子から見ると「道」は「大全（完全に備わってること）」である。「道」と一つである以上、それは宇宙万物の本性生命と一つである。儒家の聖人が生み出した王道、国家、権力、声望を含めて、一切の有限のものは、「道」と比べたらなんと貧しいものではないか。

第二節　人類の理智に対する嘲笑

「斉物論」は荘子の系列の中で、人類の認識能力を非難し、嘲る著名な哲学論文である。文字通り

「斉」とはすなわち等しいということであり、「物論」はすなわち人々の事物の認識についてのことである。「斉物論」とは人々の事物に対する認識を等しくすることである。荘子は何故人類の理智を嘲笑する必要があったのか。理智は人類を生きてゆく理性の道具にしてしまい、習慣は異同を語るにおいて、一つの価値をもってもう一つの価値を否定し、一つの論理をもってもう一つの論理をやっつけ、結果として人々を宇宙万物の本性生命からだんだんと遠ざけてしまい、独断的で偏見のある主観に陥るのを免れない。独断と偏見は事物の多様性を潰し、事物に個性的に備わっている煩悩を打ち破る力を失わせ、人生の苦痛の原因の一つを作り出す。人類の理智による傲慢と偏見を克服するために、荘子は人々の認識が等しいと主張し、多様な価値観をもって、儒家の独断的な価値観に取って代えようと考えた。

荘子は「道」の高さから万物を見ると、万物はその様にある姿で存在し、そうでないものはないと考えた。

「(いったい)道路はそれを歩いてできるものであるし、事物は名づけてそうなるのである。何をそうだとするのか。そうであるものをそうだとする。何をそうではないとするのか。そうでないものをそうでないとする。では何をよしとするか。よいものをよしとする。なにをよくないとするのか。よくないものをよくないとする。(みなそれぞれ主観によっているのだが、)事物にはもともとそうであるべきものがそなわり、また事物にはもともとよしとすべきものがそなわっていて、どんな事物もそうでないものはなく、どんな事物にもよくないものはない、そこで、それを明らかにするのに小さい木の茎と大きな柱、癩病患者と美人の西施とを対照して示すと、とても奇怪ないぶかしい対照ではあるが、（それは現象にとらわれているからのことで、）真実の道の立場からは（その区別は消えて）ひとしく一つのものである。」

（『荘子　第一冊内篇』金谷治訳注、岩波書店）

「道」という一つの立場から事物を見ると、万物は本来是非を言うことができるとは言えない。しかし、人間は乱雑で入り乱れた是非の争い、みな利己的に智を用いて独りよがりに自説に固執し、自分を是、相手を非とする。

「道は小さいでき上りにとらわれることから（真偽を生み）、言葉ははなやかな修飾にとらわれることから（善し悪しを生んだ）。こうして儒家と墨家の善し悪しの論が起こり、相手の悪しとすることを善しとし、相手の善しとすることを悪しとしている。相手の悪しとすることを善しとし、相手の善しとすることを悪しと（して、論争に勝とうと）することを望むのは、真の明智を用いる立場には及びもつかない。」

（『荘子　第一冊内篇』金谷治訳注、岩波書店）

儒家は仁愛の徳を重視し、墨家は兼愛の義をとるが、本来このどちらも「大道」の一隅であり、儒家・墨家は偏った見解に基づいており（小成の見）、浮弁にとらわれている（栄華の言葉、華やかな修飾にとらわれた言葉）。互いに責め合うが実際は無意味である。荘子は「狙公賦芧」の物語を語っている。「猿飼いの親方が芧《とち》の実を分け与えるのに、「朝三つにして夕方四つにしよう」といったところ、猿どもはみな怒った。「それでは朝四つにして夕方三つにしよう」といったところ、猿どもはみな悦んだという。表現も実質も変わりないのに、それでいて喜びや怒りの感情が働くことになった」(『荘子　第一冊』金谷治訳注、岩波書店)。荘子は「表面も実質も何ら損なわれてはいないのに、喜びや怒りが表立って働くものだ」と批判している。人間の論争とはこの猿たちと同じように愚かである。荘子のいう意味は本来世間は言葉にできないものではなく、人々が言うには、「道」は「自分で面倒なことを引き起こす」ものではないと言う。ただ「道の枢」に立ち事物を見、その輪の中で尽きることのない対処をすることをもって、「道」と「通」の観点から出発し、是非の弁別を解消し、自然と同等あるいは統一に安らう。そうしてやっと是非の真諦を洞察することができ、したがって(儒家、墨家の徒のような)「小成」の困憂と悩み煩いに二度と陥ることがなくなる。

「(そこでは)此も彼であり、彼もまた此である。そして彼にも善し悪しの判断があり、此にも善し悪しの判断がある。果たして彼と此とがあることになるのか。果たして彼と此とがないことになるのか。(もちろん彼と此の対立はないことになる。このように)彼と此とがその対立をなくしてしまった(――対立を超えた絶対の)境地、それが道枢――道の枢――という。枢であってこそ環の中心にいて窮まりない変転に対処できる。善しとすることも一つの窮まりない変転であり、悪しとすることも一つの窮まりない変転である。だから(善し悪しを立てるのは)『真の明智を用いる立場に及ばない』といったのだ。」

(『荘子　第一冊内篇』金谷治訳注、岩波書店)

「偶」とは「対」であり、「枢」は「要」である。事物の区別と対立を超越し、また「道」の要領と肝心な点を体得する手段である。「道」の高さに立って是非を見、事物自身の有限性を超えたところに立ち、絶対と大全の高さから問題を見る。荘子の言葉を使うのなら「天に照らしてしらしめる」である。天道の自然の理から事物を見ると、各々の具体的事物のそれぞれの合理性を認め、またそれぞれが限界性を持ち、みな大道の一面である。人々が一旦「道」あるいは「全」からの視点から問題を見ることを理解すると、「その輪の中で尽きることなく対処する」大いなる智慧を得る。これが斉物論の主旨である。

斉物論の必要性を説くために、荘子は続けて人の認識能力の限界性を批判している。荘子は人の認識能力と認識をみな相対的な真理性を持つのみだと考えた。同じ世界で貴方は貴方の世界を見、私は私の世界を見、彼は彼の世界を見る。どの人も見える世界は思うままの世界の一面であるにも関わらず、誰もがその見える世界を最も真実な世界に代えることはできない。荘子は斉物論の中で生き生きとした事実をもってこの点を説明している。

「人間は湿地で寝ていると腰の病気になって半身不随で死ぬが、鰌はそうではあるまい。木の上にいるとふるえ上がってこわがるが、猿はそうではあるまい。この三者のどれが本当の居所を知っていることになるのか。また人間は牛や豚などの家畜を食べ、鹿の類は草を食い、むかでは蛇をうまいと思い、鳶や烏は鼠を好む。この四種の中でどれが本当の味を知っていることになるのか。猿は猵狙がその雌として求め、麋は鹿と交わり、鰌は魚と遊ぶ。毛嬙や麗姫は、人はだれもが美人だと考えるが、魚はそれを見ると水底深くもぐりこみ、鳥はそれを見ると空高く飛び上り、鹿はそれを見ると跳びあがって逃げ出す。この四類の中でどれが世界じゅうの本当の美を知っていることになるのか。わしの目から見ると、（世間での）仁義のあり方や善し悪しの道すじは、雑然と混乱している。その区別をわきまえることが、どうしてわしにできようか。」

（『荘子　第一冊内篇』金谷治訳注、岩波書店）

人、猿、ドジョウ、鹿、トビ、ムカデ、魚は各々習性があり、それぞれ好みがあり、居場所、美味しいと思うもの、美しいと思うものの各々の基準によって選択する。では畢竟それらの中の誰の選択したものをもって本当の居場所、本当の味、本当の美しさとするのか。人、世間の是非もこれと同じである。荘子は人類の理性の弱点は自身の限界性にあるのではなく、反対に自分の限界を無視することにある、とした。有限の認識を絶対の真理だと固執し、井戸の中の蛙が見える範囲を天の全てだと思うのに似ていると荘子は考えた。ここから王倪が齧欠の問答に「一つの問いに三つの〝知らず〟で答えるのである。

「齧欠が（先生の）王倪にたずねた、「先生はすべての存在がひとしく善しとして認めるような（絶対的な価値を持つ）ものをご存じでしょうか。」（王倪は）答えた、「わしに、どうしてそれが分かろう。」「先生は自分の分からないことをご存じでしょうか。」「わしに、どうしてそれがわかろう。」「それでは、すべての物は何も分からないのですか。」「わしに、どうしてそれがわかろう。」

（『荘子　第一冊内篇』金谷治訳注、岩波書店）

斉物論にはまだ一つの意味があり、重点を指摘する必要がある。これは認識基準の反省である。荘子は人々が是非の争いの罠にはまり、自力で抜け出すのは難しいのは主観の中にいる人々は先入観に囚われるので、普遍的で有効な基準を探し当てる方法がないためであるとした。この価値ある思想は斉物論の中で「口で言うだけで実際の行為が伴わない（弁無勝）」の一段で明らかに語られている。

「もしわしとお前が議論したとして、お前がわしに勝って、わしがお前に負けたとすると、お前が正しくてわしが間違っていることになるのだろうか。わしがお前に勝って、お前がわしに負けたとすると、わしが正しくてお前が間違っていることになるのだろうか。その一方が正しくて、他方が間違っていることだろうか。それともそのどちらも正しいか、どちらも間違っているということだろうか。（こうしたことは、）わしにもお前にも、判断することはできない。してみると、第三者のばあいでもきっと解決できない暗黒の事態に迷いこむことになるだろう。わしは誰にこれを判定させたらよいだろうか。お前と同じ立場の者に判定させるとすると、これはお前と同じなのだから、公正な判定ができるはずがない。わしと同じ立場の者に判定させるとすると、これはわしと同じなのだから、公正な判定ができるはずがない。わしともお前とも違った立場の者に判定させたとすると、これはわしともお前とも違うのだから、やはり公正な判定できるはずがない。わしともお前とも同じ立場の者に判定させるとすると、これはわしともお前とも同じなのだから、やはり公正な判定ができるはずがない。そうだとすると、わしもお前もそれから第三者も、みな（正しいか間違っているのかの）判断をすることはできないのだ。どうしてさらに他人に期待することができようか。」

（『荘子　第一冊内篇』金谷治訳注、岩波書店）

二人が是非について争った時、双方どちらが是でどちらが非なのかを決めるのは難しく、「正しい」第三者を探すより他ない。第三者の意見が甲と同じだろうが、乙と同じだろうが、それとも両方と同じあるいはどちらとも異なるなどを問わず、やはり是非の判断基準にはなりえない。ここで荘子はすでに現在の主観認識の領域の中では永遠に是非の最終的な基準には探し至らないということを発見している。この人々が主観の領域の外に、正確な認識基準を探すよう啓発する思想は重大な理論的価値を持つ。しかし歴史の制限から、荘子は未だに認識の外に基準を探すことができていない。さらに社会実践が真理の客観的基準を検証することであることは理解していない。したがって是非の基準の判定があることを否定しており、「天倪（すなわち自然の平衡）ですべてを調和させ、曼衍（すなわち極まりない変化）にすべてをまかせていくのが、天寿を全うする方法である」（『荘子　第一冊内篇』金谷治訳注、岩波書店）という相対主義の泥沼にはまってしまう。荘子が人の認識能力を悲観的判断をもって答えると、「天倪ですべてを調和するというのはどういうことかというと、こうだ。善しとする意見と、善くないとする意見とがあり、またそうだとする意見と、そうでないとする意見とがあるが、その善しとするものがもし本当に善いのなら、善しとする意見と善くないとする意見の相異は、分別するまでもない（明白な）ことであるし、またそのそうだとすることがもし本当にそうであるなら、そうだとする意見とそうでないとする意見の相異は、これまた分別するまでもない（明白な）こと」（『荘子　第一冊内篇』金谷治訳注、岩波書店）となる。荘子は人の認識能力に対して徹底した懐疑を持っており、認識者の認識において認識しているか、懐疑者の懐疑においても懐疑しているかに至るまで疑っていた。荘子からすると人々の認識とは全く夢幻のようで、夢が覚めてもまた夢である。夢観が覚めると夢もまた覚める。何が覚めていることで何が夢かでさえはっきりせず、「夢の中でまた夢占いをする」ことに及んでは言うまでもない。

「夢を見ている時には、それが夢であることは分からず、夢のなかでまた夢占いをしたりして、目が覚めてから始めてそれが夢であったことがわかるのである。（人生も同じことだ。）本当の目覚めがあってこそ、始めてこの人生が大きな一場の夢があることが分かるのだ。それなのに愚か者は自分で目が覚めているとうぬぼれて、あれこれと穿鑿してはもの知り顔をして、君主だと言っては貴び牧人だといっては賤しんで差別する、固陋（かたくな）なことだ。」

（『荘子　第一冊内篇』金谷治訳注、岩波書店）

なるほど、荘子の斉物論の中で語られる相対主義と虚無主義の傾向は批判に値するが、しかし荘子の人類理性の限界性の認識と反省、人々の独善さに対して、有限の認識をもってして絶対真理の形而上学として独断論の中に解放するのことの〝処方箋（やりよう）〟がない訳ではない。そこで認識の相対性と事物の多様性存在の合理性を認め、個性の解放と自由主義的哲理の基礎へ向かっていった。

第三節　自由と幸福の省思

自由と幸福、これは人生の中の関心ある重要な問題の一つであり、荘子哲学の核心的問題の一つでもある。荘子は相対的自由と絶対的自由があると考えた。相対的自由は外部の条件の力を借りて得る有限的な自由であり、絶対的自由は主体の相当な精神修養を通して自我と他者を溶解し、主観と客観の矛盾の後に得られる一種の精神的な境地である。人は相対的自由を得ると、相対的な幸福に至る。絶対的自由を得ると無限の幸福――「至楽」に至ることができる。これらの思想について「逍遥游」、「至楽」編で語られている。

まずは自由の問題について述べよう。これは「逍遥游」の主題である。「逍遥」とは拘束されないこと、心がくつろぎゆったりした状態である。「游」とはすなわち大道に身を任せ物と共に遍歴することである。この「逍遥游」の中で、荘子はまず一つの文学的イメージを創り上げている。

「北の果ての海に魚がいて、その名は鯤という。鯤の大きさはいったい何千里あるか見当もつかない。（ある時）突然形が変わって鳥となった。その名は鳳という。鳳の背中は、これまたいったい何千里あるか見当もつかない。ふるいたって飛び上がると、その翼はまるで大空いっぱいに広がった雲のようである。この鳥は、海の荒れ狂うときになると（その大風に乗って飛び上がり、）さて南の果ての海へと天翔ける。南の果ての海とは天の池である。」

（『荘子　第一冊内篇』金谷治訳注、岩波書店）

鯤、鳳（鵬）はその他の小鳥と比べて十分な自由があると言える。しかしながら荘子はそれは外部の条件の制限を受けるので、依然として相対的な自由であると考えた。もし「風の集まりかたがじゅうぶん多くなければ、そこに鳳の大きな翼をのせるのには堪えられ」（『荘子　第一冊内篇』金谷治訳注、岩波書店）ず、それでは鯤鳳（鵬）とて南の果ての海に行くことが難しい。なるほど蜩と小鳩があざ笑って言うのである。「われわれはふるいたって飛びあがり、楡やマユミの枝につきかかってそこに止まるが、それさえゆきつけない時もあって地面にたたきつけられてしまうのだ。どうしてまた九万里もの上空に上ってそれから南方を目ざしたりするのだろう（おおげさで無用なことだ）」（『荘子　第一冊内篇』金谷治訳注、岩波書店）。荘子も蜩と小鳩などの小さいものが大きいものをあざ笑う態度には決して賛成はしていないが、しかし大鳳（鵬）と小鳥の関係を借りて道理を説明しようとしているのは明らかだ。すなわち事物の能力の大小に限らず、外部の条件を待たなければならない限りは、みな有限の自由であり、相対的な自由である、ということである。

では、絶対的自由とはどんなものか。荘子は言う。「そもそも天地の正常さにまかせ自然の変化にうち乗って、終局のない（絶対無限の）世界に遊ぶ者ともなると、彼はいったい何を頼みにすることがあろうか」（『荘子　第一冊内篇』金谷治訳注、岩波書店）。このような境地はすなわち道と一つになった境地である。それは具体的事物の有限性を超越し、自我と非我、主観と客観、内と外が渾然一体に至る。自我と非我が統一され、荘子の言うところの「一人天地と精神の往来をする」絶対的自由となる。

自由がわかると、すぐに荘子の言う幸福もわかる。荘子は自由が幸福だと考えた。人と事物は相対的自由を持っており、相対的幸福の中にいる。例えば先ほど触れた二羽の小鳥がもし自己の性質に安んじ、自己の天性の至る所に基づいて、能力の及ぶ所で生活し、飛べる高さで飛び、とても高く遠い「天池」などを思わずにおれば、大鳳（鵬）と同じように幸福である。絶対的自由を持つと絶対的幸福を持つ。このような人と「道」は一つであり、自我の制限を超越し、功名の束縛を突き破る。「道」と一つになった人は「逆境のときでもむりに逆らわず、栄達のときでもかくべつ勇みたたず」（『荘子　第一冊内篇』金谷治訳注、岩波書店）、精神は極めて平静で、「その眠っているときに夢をみず、目覚めているときに心配ごとがなく、ものを食べてもうまいものにひかれることがなく、その呼吸は深くて安らか」（『荘子　第一冊内篇』金谷治訳注、岩波書店）である。このような人々も過ちを起こすかもしれないが、そのために思い悩まず、称賛を受けてもその栄誉のために喜ばない。「世のすべての人々に誉められてもそのためにさらに励むということもなく、世のすべての人々に誹られてもそのためにがっかりするということ」（『荘子　第一冊内篇』金谷治訳注、岩波書店）もなく、甚だしきに至っては生死に対して心を動かさず、「生を悦ぶということを知らないし、死を憎むということも知らなかった。生まれてきたからといって嬉しがるわけではなく、死んでいくからといって厭がるわけでもない」（『荘子　第一冊内篇』金谷治訳注、岩波書店）という達観を持ち、楽観的だった。「徳充符」の中で、荘子は多くの道を得た者の姿を描写している。例えば申屠嘉、昏伯無人、無趾などの道徳の真人、彼らの中のある者は頭のてっぺんよりも肩が高く、ある者は目が見えず耳も聞こえない。ある者は四肢に障がいがあり、ある者は姿形が醜かった。しかし彼らはとても楽しく暮らしていた。なぜなら「超人の徳行だけがあり、形体の不足は忘れられた」（『荘子　第一冊内篇』金谷治訳注、岩波書店）からである。高度に豊かな精神世界は彼らに外の形体の制限を超越させた。

自己の自由と幸福の気づきに基づいて、荘子は儒家、墨家、法諸家の提唱する有為的な政治理想と生活に対して、鋭く批判している。荘子は一切の有為的な政治が提唱する法律、道徳、制度のその作用は皆を同じにして違いを禁じる立場に立つために、多様な世界を単一化した世界に代えてしまい、その結果万物に本性を失わせ、苦痛と不幸に陥らせる。「小鴨の足は短くてもそれを長く継ぎ足されたら厭がるだろうし、鶴の足は長くてもそれを短くたち切られたら悲しむだろう。だから、生まれつき長いものは（長いからといって）たち切るべきではなく、生まれつき短いものは（短いからといって）継ぎ足すべきではない。そこに、くよくよと気にかけるようなことは何もないからである」（『荘子　第二冊外篇』金谷治訳注、岩波書店）。よって、有為の政治が行う一切が、ちょうどこの長いものをとって短いところを補う愚かなことである。荘子とてある時は有為的な政治の人が善意であることを否定はしない。しかしただ事情がさらにめちゃくちゃにおこなわれるだろう。「至楽」篇の中の魯侯が鳥を飼う物語がまさにこれを説明している。

「むかし、海鳥が魯の郊外に飛んできてとまったことがある。魯の殿さまは（喜んで）出迎え、霊廟のなかで酒宴を張って、音楽には九韶の雅楽を演奏し、食膳には太牢のごちそうをすすめた。鳥の方は目を白黒させて悲しげなようすで、ひときれの肉も食べず、一杯の酒も飲まないで、三日たつと死んでしまったという話だ。これは人間の養いかたで鳥を養ったのである。鳥の養いかたで鳥を養ったのではなかった。」

（『荘子　第三冊外篇・雑篇』金谷治訳注、岩波書店）

魯侯はもっとも尊敬を持ったやり方で鳥を養った。その鳥を愛する心は非常に深いが、しかしそのやりかたは鳥の習性に基づいてではなく、自分の好きなものをもって鳥を養った。そして魯侯の願いと結果は全く反対のものとなってしまった。王者は法典と道徳原則を無理に社会に押し付けるが、人々の生活を画一的に整えようとしていつもこのような状況が生まれる。

人々に自由と幸福を失わせないために、荘子は一種の天によって治めること、つまり放任自由主義的な政治理想を提唱した。このような政治理想を荘子は「在宥天下（世界をあるがままに放任する）」と言った。

「世界をあるがままに放任するということは聞いているが、世界を統治するということは聞いていない。世界をあるがままにしておくのは、世界じゅうがその自然な生まれつきを乱すことのないようにと考えるからであり、世界を放任しておくのは、世界じゅうがその本来の持まえを他に変えることのないようにと考えるからである。世界じゅうがその自然な生まれつきを乱さず、本来の持ちまえを変えないということであれば、世界を統治する必要がどうして起ころう。」

（『荘子　第二冊外篇』金谷治訳注、岩波書店）

「在」とはすなわち自然に任せることである。「宥」は成り行きにまかせ放任することを指す。「在宥天下」とは世界をあるがままに放任することであり、天下自身に自己を治めさせることである。「人のさかしらによって自然の働きを滅ぼしてはならぬ」ことを提唱し、自発的な自然のものを人為的なものに変えることに反対した。自然のものを作為的なものに変えることは「馬の頭を綱でからめたり、牛の鼻に輪をとお」すようなもの、また鴨のすねを長くして、鶴のすねを短くするようなもので、結果として苦痛と不幸にしかならない。「荘子　馬蹄篇」曰く、「馬は、（もともと自然のままで）霜や雪をふめるような蹄を持ち、風や寒さをしのげるような毛を持っている。そして（自由に）草を食い水を飲み、足をはねあげて跳びまわるのだ。それが馬のほんとうの生まれつきである。（ところが）伯楽のあらわれることになると、「我こそは馬の調教者だ」といって、焼きごてをあてて毛を切りそろえ、蹄をけずって爪を落し、頭のおもがい（革紐）や前足のほだし（からめ縄）でしばりつけて並べ」た。そして「前からはくつわでひきとめ、後からはむちでおどしたてた」。そうして馬の本性をなくさせた。伯楽の馬の調教の仕方は、まさに聖人が天下を治めるのと同じである。よって荘子は胠篋篇の中で憤怒しながら聖人を「（善人を助けて）世の中を益することが少なく、（悪人を助けて）世の中を害することが多いわけだ」、「聖人がいなくならないと、大泥棒もなくならない」と非難した。

「大泥棒の盗跖の子分たちが、「泥棒にも守るべき道徳がありますか」と盗跖にたずねたとき、盗跖はこう答えている。「何をやるにも、道徳が必要でないことなどあるものか。そもそも（まずねらいをつけて）部屋の中の見当をつけ、中のものをぴたりと当てるのは、聖の徳だ。押し入るのに先頭を切るのは勇の徳だ。引きあげるのにしんがりになるのは、義の徳だ。頃あいの善し悪しをわきまえるのは、智の徳だ。分けまえを公平にするのは、仁の徳だ。この五つの徳を身につけないで大泥棒になれたようなものは、世界中にあったためしはない」。この言葉から考えると、善人が聖人の道徳をわがものにしなければ（善人として）やっていけないように、盗跖も聖人の道徳を身につけなければ（盗跖として）やっていけないのである。」

（『荘子　第二冊外篇』金谷治訳注、岩波書店）

荘子の自由および幸福の気づきは、個人の生命価値の自覚に対する、中国道家の哲学を含んでいる。荘子は有為的な政治を批判し、儒家、法家の聖人に対して非難し、中国古代のなにがしかの哲学家が一定程度上において階級社会に対して文明的価値の分裂と異化の認識にあると表明した。

第四節　闊達でユーモアのある生活芸術

生と死、これは人生においてもっとも普遍的なことであり、またもっとも重要な二つのことである。豊かさや貧しさ、身分に関らず人々はみなこの二つの事柄を有している。よって生死は非常に普遍的なことである。帝王あるいは庶民であろうとも誰でも一度は経験することができ、よって生死は人々に強い関心を持たせる。ここから生と死の矛盾は古今を通じて詩人と哲学家の重要な永久不変のテーマとなった。

人は自然の存在であり、また社会的存在でもある。ここから生死はすでに自然的意義を持ちながら、また社会的意義も持っている。儒家は社会的存在価値を重視し、ゆえに人生と人の死の社会的価値に対する考え方にたけている。道家は個人の存在価値を重視しており、よって人生と人の死の自然的意義に対する再認識に偏っている。儒家の生死観は本書の扱う領域にないので、ここでは荘子の生死観と処世論について簡単に説明する。

全体から見て、荘子の人生の社会的存在の意義に対する感じはかなり悲観的である。荘子は「人生というものには心配ごとがつきものである」と考えた。社会的存在意義について論ずると、人生はでたらめと矛盾に満ち満ちた悲劇である。「斉物論」曰く、

「一旦この人としての形を受けたからには、それを変えることなくそのまま（自然）にして生命の尽きるのを待とう。外界の事物に逆らって傷つけあっていけば、その一生は早馬のように過ぎ去って、ひきとめる手だてもない。なんと悲しいことではないか。生涯をあくせくとすごしてそれだけの効果もあらわれず、ぐったりと疲労しきって身を寄せる所もわからない。哀れまないでおれようか。世間ではそれを死んではいないと言ったところで、何の役に立とう（すでに死んでいるのと同じである）。その肉体がうつろい衰えて心もそれと一しょに萎んでしまったのである。大きな悲劇だと言わないでおれようか。人の生涯というものは、もともとこのように愚かなものか。それとも自分だけが愚かで、他人には愚かでない者もいるのだろうか。」

（『荘子　第一冊内篇』金谷治訳注、岩波書店）

矛盾と荊棘に満ちた世間において、のんびりゆったりとした大いなる智者かこせこせした小者かを

問わず、ただ人の設けた罠にはまることを怖れ、極めて疲労し、不安を感じている。「その寝ているときは魂が外界と交わって（夢にうなされ）、その目覚めているときは肉体が外に開かれ（て心を乱し）、互いの交際で面倒をひき起こし、日ごとに心の争いを繰り返す」、これはひどく人の天性を損ない、「死に近づいた精神状態は、もはやそれをもとのように蘇らせることはできな」くさせる。この種の人生体験に基づいて、荘子は人の社会的存在意義に対して極めて冷ややかに答えており、ある時は人生上において ユーモアを交えて笑っている。そしてある時は人生の内において欲しいままに皮肉を言う。

人の社会存在的意義に対する冷やかさは荘子を生死の自然な過程に対して理智的な認識をするよう、生死に対して泰然とした態度をとり、生に対して夢中にならず、その上死の到来を怖れないよう導いた。「めぐりあわせた時のままに身をまかせ自然の道理に従ってゆくということなら、（生まれたからといって喜ぶこともなく、死んだからといって悲しむこともなく）喜びや悲しみの感情が入りこむ余地はない」ということである。荘子は「死があり生があるのは、運命である。あの夜と朝の決まりがあるのは自然である。（そのように）人間の力ではどうすることもできない点のあるのが、すべての万物の真相である」。この自然主義的生死観は「大宗師」篇の中の精髄である。その中に一つの物語がある。子祀、子輿、子梨、子来の四人が生死に動じないことによって友達になった。ある日子輿が病気になった。子祀が見舞いに行くと、子輿は自分の曲がった背中、頭のてっぺんより高い肩などの病態を指して言った。「偉大だね、あの造物者は。わしの体をこんな曲がりくねったものにしようとしているのだ」。子祀が「君はそれはいやかね」と聞くと、子輿の答えは下記のようなものだった。

「だんだん進んでわしの左の臂を鶏に変えるというなら、ついでにわしはその鶏が時を告げるのを聞こうと思う。だんだん進んでわしの右の臂をはじき弓に変えるというなら、ついでにわしは射落とした鳥の焼き肉をほしいと思う。だんだん進んでわしの尻を車の輪に変え、わしの心を馬にするというなら、ついでにわしはそれに乗るだろう。別の馬車を用意しなくてすむよ。それに、いったいこの世に生を受けたのは生まれるべき時にめぐりあっただけことだし、生を失って死んでゆくのも死すべき道理に従うまでのことだ。めぐりあわせた時のままに身をまかせて、自然の道理に従っていくということなら、（生死のために感情を動かすこともなく）喜びや悲しみの感情が入りこむ余地はない。こういう境地が、むかしの人のいう懸解――すなわち束縛からの解放ということだ。しかもなお自分で解放することができない（で生死のためにくよくよする）というのは、外界の事物がその心の中で固まっているからだ。それに、そもそも外界の事物が自然の道理に勝てないのは、むかしからのことだ。わしは（ただ自然の道理に従うばかり、）またどうしてこの病をいやがったりしようか。」

（『荘子　第一冊内篇』金谷治訳注、岩波書店）

その後子来も重病にかかり、友達が見舞った時、似たような話をしている。
荘子から見ると、生老病死は一つの自然な過程であり、四季のように移り変わりに抗うことはできない。人は生命を惜しみ死を怖れ、必ず精神的苦痛を伴う。この苦しみを「遁天の刑」といい、すなわち自然の変化から逃げ出し、受ける刑罰のことである。もし生死を洞察することができれば、それにより困惑することなく、このような大悟は人を人生の困難に縛りつけている中から解脱させるものである。これが荘子の言う「懸解」である。

道家は一体どんな方法でからみつく生死の感情から脱するのだろうか。道家の方法は「以理化情（理解を用いて苦しみなどの感情を弱める）」である。

事物の本質について理解が欠けるのは人々を苦しめ悲しみ嘆かせる原因の一つである。反対に、人々の悲しみ嘆き苦悩はそれらを引き起こす対象の本質的理解により解消する。この種の理智の力によって感情を溶かし、激する心理状態を調節する過程を、道家は「以理化解」と呼んだ。「荘子　至楽」の中には「以理化解」の物語が載っている。荘子の妻が死んだので、荘子の友人の恵施がお悔やみを言いに行くと、「足をくずしてあぐらをかき、土の瓶をたたきながら歌をうたっていた」。恵子が「君の妻は一生を君と添い遂げ、子供もでき、今老いて死んだ。それなのに泣き叫ぶこともせず、瓶をたたきながら歌を歌っているとはひどすぎるじゃないか」と言った。それに対する荘子の答えは以下のようなものだった。

「そうじゃない。死んだばかりのときは、私だってやはり悲しみがこみあげずにはおれなかったよ。ただその始まりをよく考えてみると、もともと生命はなかったのだ。生命がなかったばかりじゃない、もともと形もなかったのだ。形がなかったばかりじゃない、もともと（形を作る元素の）気もなかったのだ。おぼろなとらえどころのない状態のなかでまじりあっていたものから、やがて変化して気ができ、気が変化して形ができ、形が変化して生命ができた。そして今やまた変化して死へと帰ってゆくのだ。これは、春夏秋冬の四季の巡りと同じことを、たがいにくりかえしているのだ。人が大きな天地の部屋で安らかに眠ろうとしているのに、私がそれを追いかけて大声をはりあげて泣き叫ぶのは、われながら運命の道理に通じないことだと思う。そこで（泣き叫ぶのを）やめたんだ。」

（『荘子　第三冊外篇・雑篇』金谷治訳注、岩波書店）

聖人は「以理化情」を理解するので、よって「（聖人は、）肉体は人の形でも、心は情欲を持たない」ということができる。この「情欲を持たない」というのは世界の俗情のわずらわしいことをしないだけでなく、物をもって喜ばず、己をもって悲しまず、天地万物の情をもって（己の）情とする。荘子は生を貴ばず死を賤しまないが、決して軽々しく生きたりせず、また死の追求に工夫を凝らすこともなかった。荘子はこれらはどちらも自然の理である生死に背くことだと考えた。「そもそも自然はわれわれを大地の上にのせるために肉体を与え、われわれを労働させるために生を与え」た以上は、生命の尽きるまで全力を尽くして生きるべきだと考えた。この種の態度は自己の天性を保持し、生を養い天寿を全うすると言う。「人間世」「養生主」「山木」はみなこの一つの道理について語っている。荘子の生を全うする道は三つの境地に総括することができる。すなわち「避」、「游」、「化」である。「山木」の段にちょうどこの三つの境地に達することが説明されている。

「荘子が山中の旅をしたとき、枝も葉もぞんぶんに生い茂った大木を見た。ところが樹木を伐採する樵夫がその傍で足をとめても、それを伐採しようとしない。そこでその理由をたずねると「どうにも使いようがないんだ」と答えた。荘子はそこで、「この木は、能なしの役立たずのために、その天

寿をまっとうすることができるのだ。」とつぶやいた。」（『荘子　第三冊外篇・雑篇』金谷治訳注、岩波書店）

これは「避境」という第一の境地に達している。「カシアは食べられるがゆえに伐採され、うるしは利用できるがゆえに切られる。」みな有用がゆえに巻き添えをくう。しかし無用の木は天寿を全うすることができる。「避」はすなわち無用の用をもって巻き添えを回避するものである。

（荘子は）「山を出てから旧友の家に泊まったが、旧友は喜んでその召使に鵞鳥を殺してもてなすようにと命じた。召使いがたずねていうには、「一羽の方はよく鳴きますが、もう一羽は鳴くことができません。どちらを殺したものでしょう」。主人は「鳴けない方を殺せ」と答えた。」（『荘子　第三冊外篇・雑篇』金谷治訳注、岩波書店）

これは第二の境地、「游境」に達している。役に立つ存在と役に立たない存在の間にあり、「養生主」の中で語られている。「善いことにつとめれば名誉に近づくであろうし、悪いことにつとめれば刑罰に近づくであろう。（名誉も刑罰もわが身を滅ぼすもとである。だから善悪にとらわれない）中の立場に従ってそれを一定の拠り所としていくなら、わが身を安全に守ることができ、わが生涯を無事に過ごすことができ、わが肉体を養うことができ、我が一生をじゅうぶん長生きできるであろう」（『荘子　第一冊内篇』金谷治訳注、岩波書店）。人は一旦偏らず頼らないこと、有と無の間にあることを理解すると、その複雑な世間において庖丁が牛をさばくように、「その厚みのないもので隙間のあるところに入っていく」ことができる。
その上最高の境地が「化境」である。荘子は続けて「周は将に夫の材と不材との間に拠らんとす」の話でまた言っている。

「有能と無能との中間というのも、最善に見えて実はまだそうではない。だから、世間のわずらいからまだ抜け出せないのだ。ところが、あの真実の道と徳に身をまかせて、のびのびと自由に遊ぶ境地ともなると、これは違っている。もはや名誉とか非難といった世間的な評判から超越して、あるときは竜となって大空をかけめぐり、あるときは蛇となって地上をはいまわり、時の推移とともに変化して一つの立場に執着した行動はとらない。あるときは高みに登り、あるときは低く身を沈め、調和そのものになりきって万物の始原——道の世界——でのびのびと遊んでいる。外界の事物を事物とする主人の立場において、外界の事物にふりまわされる一個の事物とはならない。どうして世間のわずらいをうけることがあろうか。」
(『荘子　第三冊外篇・雑篇』金谷治訳注、岩波書店)

人は一旦大道に身を任すこと、時と共に化し、道枢に乗り、天鈞に休らうことができれば、本当の自由を手に入れ、このような人は荘子の言うところの「いにしえの真人」である。

第五節　荘子の悲しみ、恨みは永遠である

清の時代の人である胡文英はかつて荘子と屈原を比較した時、荘子の悲しみ、恨みは屈原のそれに勝ると考えた。胡文英が言うには「屈原の悲しみ、恨みは一国にとどまるが、荘子のそれは世界に及ぶ。屈原のそれは一時のものだが、荘子のものは永遠である（荘子独見・荘子総論）」ということである。胡氏は荘子を知る人と言うべきであり、その評論はかなり深く本質に触れている。荘子は少なくとも歴史形態の中の国家と王道の理想中に悪がある可能性を見抜き、人類社会の発展がある程度の段階に至ると、必然的に文明の価値分裂が出現すること、歴史の中に一連のペテンが存在する可能性があることを見抜いた。よって荘子はむしろ歴史や王道に対して、からかうような態度をとり、国家、君主、道徳の口実（仁義）に至るまで否定することが、人類の行為の真実の価値に基づくとした。反対に屈原、伍子胥および文天祥は「正気歌」のさまざまな人物が列挙される中で、一度ならず自ら進んで歴史上の悲劇のヒーローの役回りを演じている。屈原からすれば、ただ自分は歴史の真諦を把握しただけで、天命の化身を自任し、結局かえって自分の不幸と苦難を受ける意義と理由を見つけられなかった。屈原は重い十字架を背負い汨羅湖に身を沈めるより他なかった。屈原は何をでたらめと言うか理解できず、甚だしきに至っては国家、王道の有限性を理解せず、よって「ただ一人醒めている」政治的頭脳を持ちながら、民衆の苦難のために真の理由と活路を見出すことができなかった。

屈原の一生は深い文化的悲劇であった。荘子の人生の感じ、悟ったものは屈原ほど壮烈ではなく、

もっとユーモアと滑稽な文化的喜劇に近い。この詩人であり哲学者である荘子はすでに二千年前にこの世を去ったが、そのユーモアに溢れながら深い意味を持つ「鷹揚で自らの姿を好むように己に当てはめる」話は二千年後の我々にも繰り返し学ばれ、でたらめのようだがかえって深さを失わず、人類に自身のちっぽけさ、愚かさと矛盾を笑いながら理解させ、それにより「でたらめ」とユーモアを現わすらしい。

魏晋以降、中国人はこのような時代に入って行く。

第三章

どうにもしようもない中で俗にまみれず生きる

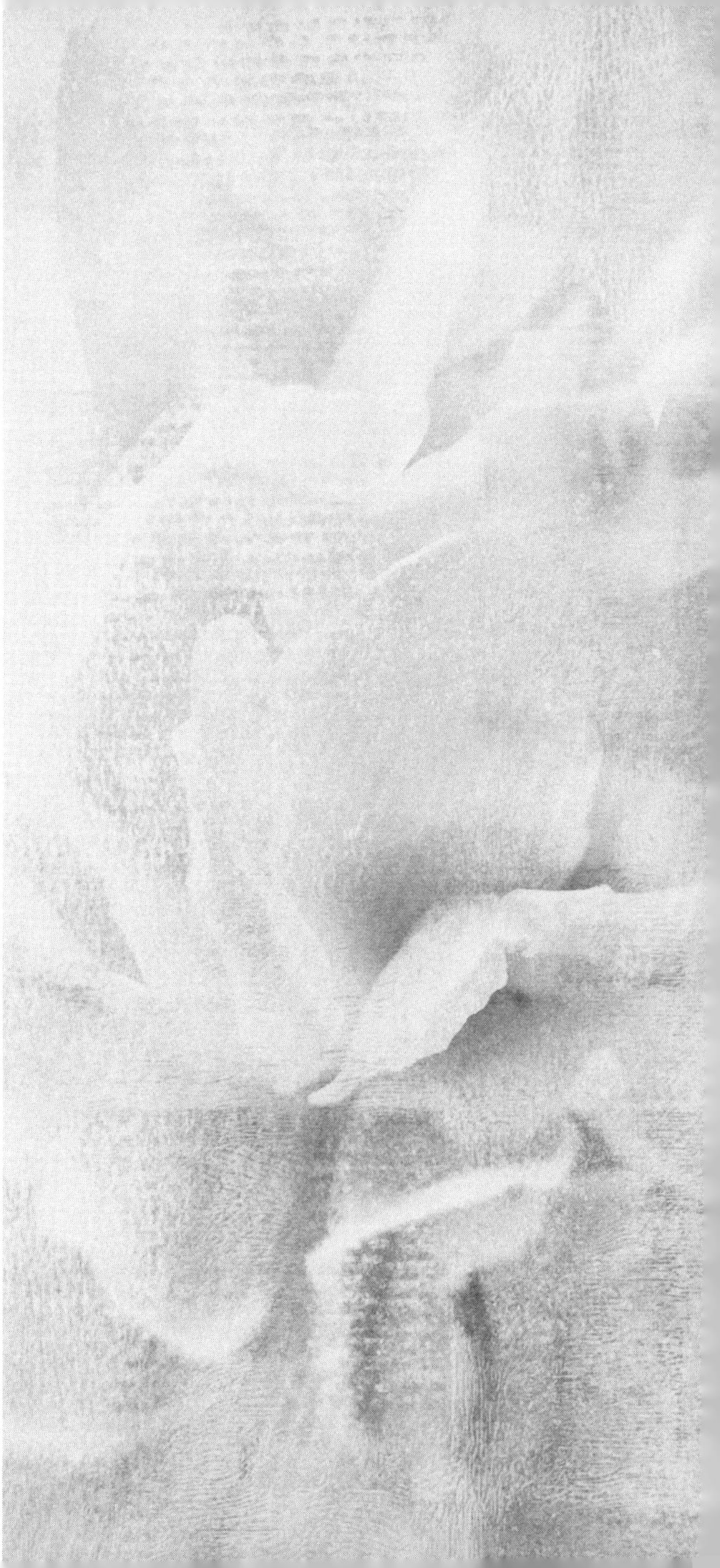

第一節 苦悩の中にいた闊達な魏晋の名士たち

一 社会の乱れと名教の衰微

後漢末期の黄巾の乱と董卓の乱、これは時代の瓦解であり、魏晋六朝時代の始まりだった。この後四百年の間、横暴な多くの一族が割拠し、王侯貴族は代わる代わる殺し合い、北方の胡人が大挙して中原（中国で文明の興った黄河中流域の平原地帯）を侵犯した。王朝の交替について言えば、この時期は兵禍が続き政治の交替が頻繁な時代だった。相次いで魏、蜀、呉の三国が鼎立し、次いで西晋が統一したが、維持したのは半世紀で、ただちに混乱を演じ、北方に十六国が乱立し、南方は東晋、宋、梁、陳の順に交替した。

大漢帝国の中央集権政治の瓦解の後に続き、魏晋時代、代々の名門一族は決起し、その荘園と一体となり経済的に自立しただけでなく、一族の掟（法律）、軍事力、生産も持ち、武装した個人の家となった。つまり部曲である。豪族の膨張は脆弱な朝廷に豪族を味方につけ、それらに頼り存在するより他なくさせた。そこで出身の家柄は士人が政治に参加するうえで重要な要素となった。門閥士族は国家の政治生活の中で権力を拡大し、その直接的な結果は国家政治の貴族化と権力の分割である。荘園経済の割拠は、朝廷の学問に対する干渉力を相対的に弱めた。政治の動揺、兵禍が引き続き、社会はばらばらになり、さらに人に「興亡の無常を悟らせ、人生が塵や露のようだと哀し」ませた。たとえ一代の傑出した知力を持つ魏の武帝・曹操にさえ、「酒に対して当《まさ》に歌うべし　人生幾何《いくばく》ぞ」「何を以てか憂いを解かん　唯杜康《ただとこう》有るのみ」の物寂しい悲嘆を吐き出させずにはおかず、これを勇ましくのびのびとした楽観を進取した秦時代、漢時代の文化精神と比べると、全く別の風格である。それにしたがって経学（儒学の作った経典を研究する学問）と名教（儒学の教え）の衰退がやって来た。

経学は前漢・後漢期に「国憲」の地位を持ち、士人は「みなことごとく経学を役立てた」。しかしながら後漢末期、漢王朝の衰亡に従って、経学にも内部分裂が生じた。今文経学は神秘主義に走り、古文経学は煩雑な哲学に走り、魏晋時代「漢の教師たちは現実離れした義にこだわっている」と世間の人に嫌がられた。魏の皇帝・曹髦は首都に設立された官吏養成の最高学府を巡視して、経学史上の一連の自己矛盾の問題をもって、繰り返し教師に詰問し、現実離れしてしかたがない儒学生をあっけにとられ、ものが言えないようにした。この様と漢時代の皇帝が体を曲げて太学に臨み、教師が話すのを聞いたというのとは正反対である。

経学の衰退と関係しているのは名教の危機である。名教とはすなわち名と実質を一致させることをもって内容とする礼教である。これは儒家の人倫の道をもって内面の修養とし、西周の宗法礼制度の格式化を継承し、礼儀規則の形式とした。前漢・後漢は名教が一定の型にはまった時期であり、そのしるしに「三綱と五常」が確立し、系統化された。しかしながら魏晋南北朝の社会の動揺、離散は「三綱と五常」に空前の打撃を与えた。

「君臣関係、父子関係」は名教の本である。この一つの根本的な問題において、魏晋時代の名士たちは老荘の自然主義を武器として、名教に対して批判を始めた。「君は臣の綱となる」と対立するのは、名士の中で流行した「非君論」、「無君論」である。竹林の七賢の独りである阮籍は「大人先生伝」を著す中で、君権原則に対してまず非難している。この視点は東晋時代の鮑敬言が「無君論」の中で、もう一歩詳しく論述している。

「父は子の綱になる」も同様に魏晋時代の名士たちに非難された。禰衡（一七三〜一九八）はかつて孔融と共に父と子に対する情について話し合った。禰衡は父が息子に対して何の恩情も全くなく、その持論の真意は、実際は情欲のみであるためと考えた。子の母に対するものも何の孝義とは言えず、妊娠中母の腹の中で例えば物が瓶の中で頼り、（瓶の中を）出ればすなわち離れてゆくのと同じである。この類の言論は名教が盛んだった漢時代には想像もできなかった。そして孔子という聖人を生み出した一族の後裔が対話に参加したことは劇的な風刺の意味を豊かに含む。

士人の闊達なさまは、当時の礼法の緩みの原因であり、その結果であった。「世説新語」によると、当時の名士は「皆気ままで放埒なことを達だとし」ているとした。

裴頠は「崇有」論者で、虚無主義と欲しいままに振舞う流れに揺れ動いている「貴無」派と自然派玄学家に反対した。しかし裴頠の話はちょうど反対に魏晋時代の士人が礼儀にこだわらず、形骸化した生活を気ままに生きる態度をとっていることを証明した。この種の態度は当時流行した清談を通して、飲酒と男女の情趣の表現をさせた。

二　深淵な老荘の話と深酒、および男女の情趣

魏晋時代の社会の乱れと政治闘争の冷酷無情さは、臣下たちを危険にさらした。昨日上客と扱われ、地位を与えられ爵禄を与えられたかと思えば、今日はすなわち囚われの身になる可能性があり、首を

切られ一族を誅殺されるかもしれない。朝廷の士人も在野の士人も常に勘ぐられ、巻き添えをくう可能性があった。士人たちは深淵に臨むかのように感じ、薄氷を踏むようであり、たとえ大きな大志を抱いていようと、小さなところで安住しているふりをせざるをえなかった。士人たちは生活の中で悟った言葉が災いを招く恐れがあるので、口数が多いのは困り、ちょうどいいところを守った。そこであまりしゃべらなかったり、しゃべらない、もしくは痛くも痒くもないことをしゃべる、もしくは全くわけのわからない話（玄言）などが、士人の身を守る妙法の一つとなった。清談の風は流行った。

「阮宣子は令名があった。太尉王夷甫は引見して問うた。「老荘の教えと孔子の教えとは、同じだろうかどうだろうか。」答えて言った。「将無同（まあ同じではございませんか）。」王太尉はその言葉が気に入り、かれを召して掾吏とした。そのため世人は、かれのことを「三語の掾」とよんだ。」

（『新釈漢文大系　第七十六巻　世説新語（上）』目加田誠、明治書院）

大尉は阮宣子の回答が素晴らしいと思ったため、重用した。これは阮宣子の回答の「将無同（まあ同じではございませんか）」が要点を得ていたためである。言葉の意味が曖昧模糊としていて、好きなようにどうとでも理解される。これは当時深遠な理解の才能だと考えられた。

高貴な家の子弟の鍾会は敏腕で才能もあった。司馬懿に重用されたため、いつも肥えた馬に乗っており、軽い毛皮を着て、客も多く人と交わっていた。鍾会は嵇康の名声を聞いて尋ねて行った。その時嵇康は向秀と共に鍛冶仕事をしていた。鍾会が来ても二人は顔も上げず、鉄を打ち続けている。鍾会は長いこと立っていたが、去る他なかった。去る時、嵆康が問いかけた。「何を聞いてやってきたのだ。何を見て帰ろうとするのだ」。鍾会は応じた。「聞いたことを聞いてきて、見たことを見て帰るのだ」。その実嵆康は鍾会の心中をよくのみこんでいたが、故意にその話をはっきりさせず、その立場を曖昧にした。これは魏晋才人たちの度量と風格である。

老荘思想の正しい提唱者、天才少年・王弼がかつて立てた「言不尽意（言は意を尽くさず）」の論は、名言概念は真理と思想を手段を表現する手段と考えたが、真理と思想そのものではない。識者は必ず名言の概念の制限を突き破り、玄外の音を聞き、言外の意味を聞かなくてはならない。よって「言葉の真意を得てしまえば、言葉そのものを忘れる」という。この忘れるというのはすなわち執着や名残を惜しむ必要がないということである。魏晋時代の名士から見れば、本物の智者は自己の思想を表現する時、美辞麗句や修辞手法、装飾する文章を用いず、飾らない言葉で逆に清新な感じを与えることができる必要があった。このような形式をもって対話を行い、やっと妙を理解するにおいて風流を尽くし、皆の才気を完全に自由に表現させることができる。これが清談の魅力である。もし人が十分明白に話すことを要求するならば、このような人は間抜けであり、もともと「談ずる資質がない」く、悟性が欠けた人との対話は二匹の蛙が鳴き合っているのと同じで、どうして語り合って楽しいことがあろうか。清談で鍛えた魏晋時代の士人の抽象的な思弁能力と直感的な思惟の敏感性は、漢時代の儒学者の訓詁章句に拘泥する経学形式の下から解放し、精神の自由な空間を手に入れさせた。

魏晋時代の名士は多くが酒を好み、かつ飲酒に節度がない人が少なくなかった。阮籍について言えば、酒を飲むこと常に一旦酔うと数日続き、甚だしきに至っては二カ月に渡った。阮籍の甥の阮咸はたらいを用いて酒を飲むことを好み、激しく飲み続け、人獣を分けず、豚や犬と一緒になっていた。劉伶の一生は酒と切れない縁があり、甚だしきに至っては、酒を好むこと命のごとくするになった。劉伶は著名な『酒徳頌』を残しており、酩酊の中に自由の境地に達することについて書き、その内容は真に迫っている。魏晋時代の名士の飲酒は一方で酒の力を借りて姿を隠すことを（阮籍のように）自己の醒めた人生の手段とし、さらにもう一方では酒の神の偉大な力を借りて精神の超越を実現し、酔ったようで酔っていない、酔っていないようで酔った状態の中で天性を現し、インスピレーションを触発し、才気を最もよく発揮させることができた。魏晋時代の名士たちは旨く濃いアルコールをたしなみ、荘子の文章同様にゆっくりと味わい、（酒は）我を忘れさせ、無邪気にし、少しばかり人を嘘偽りをにさせ、自然の趣と誠意を添えさせた。これが魏晋時代の人々の悟った酒の哲学である。

魏晋時代の自由闊達さは、また当時の名士と男女間の情趣の中にも見られた。

前後の時代に比べて、魏晋時代の中国女性の社会的地位は比較的高かった。女性たちの精神生活もその他の時期に比べ、さらに豊かで充実しており、これは当時の連年の戦火が起こした人口の移動と、少数民族と漢民族の融合と無関係ではない。当時の士族の女性たちはしばしば友人を呼んだり訪ねたりして、たとえ夜分遅くになってもかまわず、朝は早く出て夜は遅くても火を挙げて行った。後にあるいは夜でもかまわずとって返し、あるいは他人の家に泊まり、少しもはばからなかった。女性たちはしばしば連れ立って行き、光が満ちた道、人目を引くように街を行き、笑いながら遊んでいた。あるいは高い堤防に登り、琴を奏でて歌い、あるいは寺院に遊びに行き、神殿仏閣などで歌を吟じた。あるいは魚を見に沢や湖畔に行き、あるいはあぜ道をぶらぶらと歩いた。当時の上品でおおらかな女性たちは、多くの公の場で人前に顔をさらすことをはばからなかっただけでなく、ある時は男女の間の交際で膝を交えて近くに対坐したり、極めて近い距離で酒を酌み交わしたりした。例えば西晋の美男子・潘岳が洛陽に行く道中、道端の女性たちの中には少なからずその風雅で美しい彼に夢中になり、その姿を一目でも多く見ようと、なんと互いに手を引いて潘岳を取り囲み、彼に向かって果物を投げ、（この）垢ぬけた男子をからかった。女性たちがこのように縛られない情景は、魏晋南北朝時代の前にも後にも多くは見られない。かつ顧愷の名画「女箴図」を見ると、女性の姿はきちんとして威厳があり、気概はおおらかで、すでに前時代の貴族女性の傲慢なようすはなく、後代の小さな足の女性の卑屈さは少ない。よって見る人に自然で清新な印象を与える。女性たちと名士たちの生活は一緒で、共に魏晋時代の文化発展を推し進めた。

愛情と婚姻観念の自由と解放も、魏晋時代の名士たちの人柄によって少なからずユーモアに富んでいる。「世説新語（排調八）」には、下記のようなエピソードがある。

「王渾と妻の鍾氏がいっしょにすわっていたとき、息子の武子が庭を通りすぎる姿が見えた。王渾はにっこりして妻にいった。「このような息子を生んだことで、わしらの心も慰められるというものじゃ」。すると妻は笑っていった。「もし、わたしが参軍どのと夫婦になっていたならば、きっとこれくらいにはとどまらなかったことでしょう」

（『中国古典文学大系九　世説新語　顔氏家訓』森三樹三郎訳、平凡社）

鍾氏がこのように隠語で王渾に話をするのは、夫婦の間で調和がとれ、疑いがないことを示している。魏晋時代の名士は多くの男女の情趣をたしなんだ。竹林の七賢の中の阮籍は、その性質がつかみどころなく、阮籍が軽蔑した礼儀作法の士人に対しては、「白眼」で応対した。しかし無邪気な美貌の女性に夢中になった。阮籍の隣家は居酒屋を営んでおり、ここの若いおかみは美しく、毎日甕の酒を売っていた。阮籍はいつもそこで酒を飲み、酔うと酒甕の辺りで横になって寝た。おかみの夫は初めは疑いの心があったが、何度も観察するうちに阮籍に悪意が全くないと思った。そこで自分の居酒屋で寝るに任せた。ある軍人の家の少女は美しく、才気も抜きんでていたが、不幸にも夭折した。阮籍はそのことを知って、お悔やみを言いに行き、大泣きをして哀悼の意を表した。しかし阮籍はこの少女の家の家長と全く面識がなかった。ここでは阮籍の女性に対する情趣が、好色であり美を愛すると言うには及ばない。

名士たちが女性たちの美貌を見ることを好んだのと同様に、女性たちも男性の風采を盗み見るのが好きだった。竹林の七賢の中の山濤と嵆康、阮籍はかつて初対面で旧知のように打ち解けたが、山濤の妻・韓氏は夫とこの二人の交わりが尋常と異なるのを発見し、その原因を尋ねた。山濤は「私が一生で友とできるのはこの二人だけなのだ」と言った。韓氏は好奇心から、その二人の言動と立ち居振る舞いを見たいと言い、夫は同意した。ある日嵆康と阮籍がやって来た。山濤は二人を家に泊め、酒宴を開いた。その晩妻は二人を盗み見て、早朝になってやっと離れた。山濤は「あの二人はどうだった?」と尋ねると、妻は「あなたの才気と彼らではるかに差があります、ただあなたの度量が気に入って友達になっているだけでしょう」と答えた。

清談、深酒、男女の情趣は魏晋時代の名士文化的性格の気ままさを構成している。この種の気ままさは低俗な虚無主義や好色主義とは異なり、その中には生命体験の苦痛と自由な個性に対する追求が含まれている。

三　欲しいままに振舞うことの背後にある苦痛

魏の初めの時から何晏、王弼が老荘思想を奮い立たせた後、玄学は社会の思潮となり、歴史の異なる発展の階段を上ってきた。その間名士の清らかな人生の目的は小さな違いこそあれ、根本的な精神の上では一致、または相通じるものがあり、それが一種の運命にまかせる人生態度であり、物我一体に到達し、心と道の深い人生の境地に達した。この種の人生態度と人生の境地に対して、嵇康、阮籍、劉伶、山濤らは同意していたが、しかし彼らはこの境地の完全な実践には、最後まで到達することができなかった。嵇康は「越名教而任自然（儒家の各論の束縛を超越し、人の自然の本性に任せ、自然にのびやかに広がる）」、「非湯武而薄周孔（殷の湯王、周の武王、周公旦と孔子を軽視する）」と主張した。しかし形の上では儒家の信念（名教）の束縛から逃れたようだが、内心では依然として倫理、責任の重圧を手放すことができなかった。それは阮籍も同じであり、心の中の矛盾は極度に達した。儒家の倫理主義・原則と道家の自然主義・原則は衝突し、阮籍たちをいつも深刻な人格分裂に陥らせた。ゆえに薬や酒の刺激の力を借りて自己をごまかし、麻痺させざるを得なかった。

嵇康は極めて深い悲劇の典型例だった。嵇康の出身は詩書を伝える家の門閥士族で、小さい頃から儒家の経典に親しみ、儒家の精神・道理を受け取ってきた。この「儒家を世襲する家柄の滅多にない俊才であり、豪放で飛び抜けており、頭がよく気ままに振舞う」才子は、青年時代依然として「忠実で、誠実であり、思いやりがあって親切、事を行うに公正」であり、その儒家の道徳精神と理想の人格は隠しようがなかった。成年以後、曹氏のグループと姻戚関係があったことから、司馬氏グループの政治陰謀の全てを目の当たりにした嵇康は、名教の虚偽、世界の冷酷さ、命の無常、人生の苦しみなどを身をもって理解した。儒家の忠孝礼楽を信奉し、宣伝する君主はなんと、君主を弑し、権力を奪い取った逆臣だった。激しい憤りの下、嵇康は儒家の名教という道具を投げ捨て、感性の生命を存在本質の自然主義として老荘に帰依し、高い志をもっていにしえを願い、老荘を篤く好み、名を越え心に任せ、志は質朴を守ることを決意した。愛憎に悲しまず、憂いや喜びを気にかけなかった。嵇康は自分の一切の価値を気にかけることをやめ、何度となく安心し、淡泊になにも感じない自然の状態を保った。

嵇康の身の上においては、儒家の信念である虚無性の否定に対して、存在の虚無性を強化することを通して、完成できる。道家の無意志性、無目的性の自然主義は嵇康を屈原のような狂気じみた魂の漂泊、心の拠り所をなくし自殺するようなことをさせなかった。しかし道家的な人生の主旨は最後まで嵇康に、意識下の儒教の信念を根こそぎ捨て去らせることはできなかった。嵇康は決して「心におごり高ぶりがない」という淡泊な無関心には至らなかった。朋友の山濤が今までの立場を変えて、嵇康に出仕をすすめた時、非常に義憤を感じ、言葉辛辣に「絶交書」を書き、この種の行動は文化的意義を内に含んではいるが、依然として儒家の忠義精神である。嵇康は決して本当に老荘の自然無為に回帰した訳ではないので、孔孟の徳をもって抗う士の精神を固守し、何度となく意識的に司馬氏のグループと決して協力しようとはせず、その結果権力者に殺されることとなった。刑に臨んで、稽康は落ち着きを払い、日影を顧みてもの寂しい慷慨の「広陵散」を演奏して死に赴いた。この大義が厳然としており、表現は依然として儒家の「鬼神もその壮烈さに泣く」ような生死の気のかけ方だった。

稽康のように、山中に隠遁したその他の竹林の名士たち、山濤、阮籍、向秀、劉伶、阮咸、王戎などの人々は、表面上の自然主義、気ままな振る舞いは、ただ一定の条件下ででたらめと非論理主義の形を示し、儒家の名教に対する反逆を示したが、阮籍たちは決して根本から運命に任せること、心と道の深い荘子の精神を確立した訳ではない。さもなければ山濤、向秀は稽康が殺された後、圧力に屈して権力者に自分を売り渡し、身を寄せたりしないであろうし、阮籍、劉伶も酒の力を借りて狂人のふりをするには及ばなかっただろう。『世説新語』を読むと、阮籍の力強く古めかしくて飾り気のない、冷ややかで厳しい詩文、劉伶のはばかるところのない『酒徳頌』に、我々は彼らが本当に人生の俗っぽさからの脱出を追求していたようには全く感じない。反対に、阮籍たちの放浪の姿形において、礼法の形式を卑しみ嫌った後に、我々は彼らの魂が極めて苦しく重いもののように感じる。もし稽康が悲劇の典型だとすれば、阮籍と劉伶はすなわち苦悶の象徴である。劉伶は酒の力を借りて憂いを注ぎ、酒の中に心が落ち着く自由な場所を探し、まさに酒に醒めた状態で精神的な重苦しさや苦悶の中にいることを表明している。稽康とは少し違うが、阮籍の一生も名教と完全に対立した立場にいた訳ではなく、また己の高潔さをもって世俗の汚れを示したのでなく、完全に世俗を超越した人生態度をとったわけでもない。阮籍の一生は、終始高潔と世俗の間を徘徊し、政局の外で躊躇し、矛盾の中で日を過ごし、苦悶の中に解脱を探し求めた。阮籍の苦悶は名教と自然の矛盾から来ていた。阮籍の

「詠懐」の第六十三首の詩は、人に屈原の「離騒」と嵇康の憂憤の詩を思い起こさせる。変化の多い複雑な現実に向き合い、詩人の内心は極めて騒がしい。阮籍の情感の世界の中において、理想の高潔さと世俗の汚濁は大きなギャップがあり、その内心では礼法の士の虚偽と汚さを嫌悪し、しかし不安に動揺し、陰険さに満ちた環境は阮籍に世俗から外れることをできなくさせた。そして時々刻々と自身がすでに世俗と相容れようがないなく、また俗情の感情から脱出も難しいという矛盾、衝突を感じていた。酒は阮籍が俗と非俗の間を徘徊する唯一の道具となり、たまに酒が入った後で清らかで欲がなく、空虚で広々とした詩の境地を書きだし、その真我が露になるだけだった。

第二節　運命に従い、天命を聞き、心と道は深い——陶淵明の生きる知恵

一　熱烈な生き方から冷淡な人生まで

運命に従い、天命に従い、心と道が深い人生態度と人生の境地は、竹林の名士たちはもちろん、依然として東晋の名士たちも、ずっと円満に人生の実践としてなりきることができなかった。魏晋時代、陶淵明だけがこの点を成し遂げた。陶淵明は荘子の奥深い精神と運命に任せ、天命に従う人生観の具体化、肉体化を行い、そして自己の生命と生活に変えた。陶淵明は運命、天命に従う人生態度を実践しただけでなく、確かに心と道の深い荘子の奥深い境地に達していた。

熱烈な生き方から冷淡な人生までが、古の隠逸文人と共通の経歴の人生過程だ。若い頃陶淵明も剣を持ち遠游し、強さを求め民を幸せにするという人生の理想があった。

思ってみれば若い頃は、特に何も楽しみがなくても、自ずと心のおもむくままに楽しんだ。志猛々しく翼をあげて飛び立とうと思っていた。

（雑詩其五）

私は剣を撫で、張掖から幽州まで漫遊したものである。腹が減れば首陽山の蕨、喉がかわけば易水の水を飲んだものである。

（擬古　其の八）

潔くやさしいあなたの心は、俗世間ではかすんでしまうが、その雅びな志は高い雲のようだ。

（閑情賦）

これはまさに屈原的な歴史を自任し、社会的価値を自負する精神と言えないだろうか。国家の興亡治乱を己の責任とする孔子・孟子の「我以外に誰がいるというのか」という、世を救う責務が自分にあるという考えと言えないだろうか。このような時代を正し世を救う価値に関心を寄せることは儒家の、社会に飛び込んでゆく人生観精神の中心をなすものである。

時の流れに伴い、また世の中を渡ってゆく中で陶淵明は人生の苦しさを感じ、理想と現実の矛盾がもたらす苛立ちと苦悶を感じた。陶淵明の心はだんだんと「熱烈さ」から「冷やかさ」に変わっていった。その「閑情賦」と「感士不遇賦」はまさにこのような心境の下で書き出されている。賦の中では詩人の人生理想の幻滅感が自ずと現れ、それは陶淵明の熱烈な人生に対する強い関心から冷淡な人生心理に転換してゆく様を正しく描写している。また詩人の人生が短いことを惜しみ、険しく生きてゆくことが容易でない世の中への悲しみ、嘆きが見て取れる。

月日は過ぎやすく、等しく百年である人生の長い苦しみを感じる。どうして人生というものは、こうも喜びが少なく愁いが多いのか。

（閑情賦）

世の中は流れ様々な身分の別ができ、人々は逃げ場を失った。
道に達した人々はそのことをよく理解し、俸禄を捨て、田舎へと退いた。
そして黄帝・尭の時代を切望して嘆き、貧賤に甘んじて栄誉を辞したのである。

（感士不遇賦）

人の自然生命は短くちっぽけで、もし有限な一生の中で壮大で正しい志を実現できるとすれば、その一生も無駄にはならないだろう。しかし現実は冷酷で苦難に満ちており、そういった価値を自任している人を苦境に陥らせる。
陶淵明はすでに信念のために自殺した屈原とは異なり、「名教」と「自然」の矛盾の中で、欲しいままに振舞うことをもって解脱を求めた嵇康や阮籍などの竹林の名士たちとも同じではない。陶淵明は人生信念が熱烈なものから冷淡なものに変わって行くのを経験した後、しまいには長いため息を一つついた――「帰りなんいざ」。荘子の足跡を踏み、「山中暦日無し、寒尽きて年を知らず」といった世俗を逃れた桃源郷へ入っていった。自然で田舎らしい牧歌さが陶淵明の心を託すことのできる唯一のものとなった。「帰園田居五首」には、このような意味がある。

昔から世間に合わすことが苦手で、自然が好きだった。
しかしちょっとした心得違いから俗塵に落ち込み、十三年がたった。
故郷が恋しくなり、渡世べたな自分を通して田園に帰った。
田園に帰り、俗人の邪魔もない。
長く鳥かごの中で生活していたが、本来の自然に返ることができた。
(帰園田居五首)

陶淵明は官界と官吏になる道の不自由な鳥かごを抜け出して、山奥の清静な田園に帰り着いた。籠の中の鳥が昔なじみの林に飛び帰ったように、また網の中の魚が故郷の深い水の中に帰ったようだった。奥深い路地の中の犬の鳴き声や桑の木の上に鶏の鳴き声を聞きながら、自然の懐の中で酔いしれた。陶淵明は身を寄せる故郷を探し出しただけでなく、心の拠り所も見つけ出した。

二　自然と田園風景の第一歌人

魏晋の士人と大自然の関係は大体において言うと、等しく自然の中に一つの身を寄せる場所、自身の身と心を落ち着かせるところを求め得た。しかし細かく追究してみると、すこぶる異なるところがある。竹林の名士は山林泉の間に世を逃れ、山水の清らかさ、魚が飛び跳ね、鳥が鳴く声を借りて、心中の抑圧と苦悶を発散していた。西晋の豪奢な宴に集まる名士たちは一種の占有者の意識を持って、山水泉などの自然を自分たちの歌舞、宴に情趣を添えるものとし、彼らのあまりに物質化した生活に高雅な興趣を加えるものとした。蘭亭でも催された会合（招集人は王羲之）に集った名士たちは、山水の美を持って能力を啓発し、彼らの文学芸術の天分を究極的に表現するために山水を喜んだ。彼らの自然との関係は豪奢な宴会を行う名士たちに比べ、当然親しみを感じるだろう。しかし彼らは依然として鑑賞者であり、自然、山水の面前に立って心で愛で、目で悦び、得た美を享受した。自然山水の美は彼らの生活の中において重要な位置を占めてはいたが、しかししょせん美を理解する者と理解されるものの間にまだ距離があった。自然山水の美と蘭亭の名士たちの自然山水に対する美の鑑賞の間には結局のところまだなお一層の隔たりがある。この境地はまだ「自我がある」境地に属する。

陶淵明と彼らは異なり、それは陶淵明と自然の間に距離がないためであり、たとえ一層の薄い、美を鑑賞する距離があったとしても、すでに跡形もなくなっている。中国の文化史上陶淵明は心の境と物の境を完全に、深く一体化した最初の詩人であり、精神上において主観・客観の対立を超越し、無我の境地に至った詩人である。陶淵明は自然の間の一員となり、傍観者、鑑賞者ではなく、さらに占有者でもなかった。その詩文の中において、わざわざ山河田園の美を描写することは少なく、また自然の美から得た感銘を専門用語を用いて述べたりもしなかった。山河田園、一草一木、それらは陶淵明の生活の中のものであり、自然に自身の喜怒哀楽がその中に存在していた。

昔から世間に合わすことが苦手で、自然が好きだった。
しかしちょっとした心得違いから俗塵に落ち込み、十三年がたった。
故郷が恋しくなり、渡世べたな自分を通して田園に帰った。
田園に帰り、俗人の邪魔もない。
長く鳥かごの中で生活していたが、本来の自然に返ることができた。
（住んでいる所は）山の中で霜や露が多い。寒気もよそより早く来る。
農業での生活が苦しくないわけではないが、しかし辞めるわけにはいかぬ。
体はくたくただ。願わくば、これ以上不慮の災害などないように。
（庚戌歳九月中於西田獲早稲）

会稽における名士の詩文や話しぶりから我々が見たものは、草木がいかに茂っているか、山河がどのように美しいか、そして天地自然がいかに人生の感慨を引き起こすかである。耳にしたのは「この一日空が晴れ渡り空気が清々しく、風は暖かで、天を仰いで宇宙の雄大さを見、下を向いて大地の万物を観察し、目を広げてみると明るくゆったりした気持ち、あらん限りの見聞きする歓楽として十分であり、本当に愉快である」というものである。これには風雅な興趣と自我が愛でる意味での士人の目に映る美がある。陶淵明の書く山河はそれにも関わらず、全てが農家の景色やその山河の中で働く素朴な村民、田夫である。あるいは人と自然が融けて一体になった状態とも言える。陶淵明は決して山河に対して純粋な美の理解や鑑賞をするには及ばなかった。彼は自身の生活の中において山河田園を描写し、そしてその彼の心中の立場において、他人ができる限りその美の感性を体得するのである。上掲の「庚戌九月中於西田獲早稲」の詩はただ気候、山中の秋の気配が際立って早くやって来たことを写し書き、秋の気配に含まれる自然の景色を描写した、ただそれだけである。しかし我々はその詩を読む時自分の身で体験しているように感じる。陶淵明の描写には心と自然が融け合っているので、山間の景色は陶淵明自身の心中の景色である。陶淵明は自然が美しいとも美しくないとも書かないし、好きとも嫌いとも書かない。先達である会稽の名士たちのように、山水の美しい景色の中で自己が「どうして堪えられようか」的な話をすることができなかった。しかし陶淵明の詩文には十分に山河田園を思い慕う情が表れている。それは陶淵明の山河であり、天地であり、田園であり、これらの自然と彼は同じ呼吸、一緒の運命であり、自然と陶淵明の生命の本性の意義上において完全に深く一体となっていた。

「帰園田居」の中の景色もそのようである。村落、炊煙、田畑と野原、月の光、谷、生い茂った草木、これら全てと詩人の心は密接に相通じている。陶淵明はこのようなひっそりと静まり返った山野の中に生活し、一切がこのような自然であり、あたかも元来みなこのように存在しているべきだと思わせ、これが合理的で真実であり、永久だと思わせた。心と自然界が完全に融合し、この永遠の真実の中にあった。考えてみるといい。その夜露に衣服が濡れる山野の小路の上で、「月を帯び鋤を担いで帰る」情景を。これがどのような人物が自然との調和がとれているかということである。陶淵明の詩の中に我々は所々でこのような生命の趣の調和が充満していることを感じることができる。

このような心境は、大自然のやむことのない生命力が他でもなく自己の生命が最も安らかに帰り着く場所だと悟った時にやっと現れ、その中で生活してはじめて描写できるものだ。陶淵明は実際に自然の中へ完全に融け込み、一切が流転してやまず、全てがそのあるべき所で存在しているのである。

草木や飛ぶ鳥、そよ風、小雨、各々がその妙を得ている。詩人はこの調和した大自然の中で満足し、あたかも天地の巨大で調和した一つの音符を作り、それに化したかのようでもある。この調和の美は元来自然が発する音であり、言葉を用いて言うことが難しい。「飲酒　二十五首之五」曰く、

人里に庵を結び住んでいるが、車馬の音のやかましさは感じられない。

どうしてそんなことがあるのか、と問われれば、心が俗世間から離れているので、自ずとここも僻地となるのだ。

悠然と南山を見る。

風景は素晴らしく、この中にある真実を説こうとしたが、言葉も忘れてしまった。

この詩の描写は極めて調和している。歴代の詩を論ずる者たちはこの詩について、どこから筆を起

こしていいかわからず、重要なところは心と道の深いところにあり、物我が消えうせ一つになり天地の大調和上にあると言う。一片の心のありかがわからない。人と菊の花、山、鳥と調和して存在し、宇宙はもともとこのように配されており、永遠にそうであると思わせる。何故このようなのか。「自然が発する音」は本来言うことができないし、言う必要もなく、一言何かを言えば心と物が融け合った調和の美が破壊されるだろう。これはまさに荘子が悟った「天地自然はすぐれた（生成の）働きをとげながら、そのことをことばでは言わない」（『荘子　第三冊外篇・雑篇』金谷治訳注、岩波書店）の最高で最も美しい境地である。魏晋時代の人々と文学はみなこの境地を追求したが、ただ陶淵明だけがそこに達することができた。

三　「影」、「形」、「神」の対話

陶淵明が心と道の深いところに達することができたキーポイントは、本当に彼が運命に身をゆだね、なすがままに従ったことである。

玄学（老子・荘子などの道家の思弁的学問や仏教哲学を言う）の思潮が起こって以後、道家の自然主義は一定の程度において、孔子・孟子、儒家の倫理・責任を薄め、士人が続々と老荘哲学に帰依することをもって、自然の適性、心と道の深い生活様式を追求したが、実際のところ士人たちは達することができなかった。嵇康、阮籍は達することができず、また会稽の名士たちもできなかった。朝廷の名士たちは言うに及ばない。彼らが達することができなかった理由は、おそらく運命に任せなすがままに従うことができなかったことだろう。社会の中で人は生活し、衣食住とその行いは各種の関係の制約を受ける。出処進退、時運の良し悪し、吉凶泰否、何事も思いのままとはいかず、そのため不遇をかこつこともあり、苦しみがあり、苦悶があり、悲しみがある。生老病死、災い、困窮がやって来た時、運命に身を任せ従う態度をもって向き合うことは不可能であり、必ず苦痛と怨み、憤りの中に陥り、このような状態で心と道の深いところへ達しようとしても無理な話である。陶淵明は真に運命に身を任せなすがままに従う態度で出処進退、困窮、立身出世、吉凶に対応し、礼教、倫理、道徳の重い重い束縛と絡み合いに対応したので、精神の上で人生における束縛から抜け出した。陶淵明の生活した時代は社会、国家が乱れた魏晋時代にあたり、当時の全ての人々と同じように歳月が慌ただしく過ぎるため、人生が不安定な気持ち、感情と苦悩に漂泊したが、これは元来永遠のテーマである。戦乱の時代は言うに及ばず、平和な時代であっても、人はみな生死の無常という感傷と苦悩がある。しかし陶淵明はついに運命に身を任せ従う態度によって生死無常の感傷と苦悩から脱出し、精神の超越と心の安らかさに向かい、その著名な人生哲理の詩である「形影神」において、この永遠のテーマに答えを出している。「形」は実際の有限な生命を代表し、それは自己にとって不可避に死と悲哀に向かうところにある。「形贈影」曰く、

天地・山川は永遠に変わらないし、草木は栄枯盛衰の常理に従う。
人は霊妙な生き物だというのに、天地・山川・草木のようにはいかぬ。
たまたま生きていたかと思えば、たちまちこの世を去り帰ることはない。
一人欠けたところで、誰が気づいてくれるのか。

親戚・友人も思ってくれはしない。

ただ遺品を見ては涙が流れる。

私は不老不死の術などできないので、死を避けることはできない。

願わくは影よ、私の言葉を受け取って、酒が手に入る時は、辞することなどないように。


この問題において、「形」は人生の理解に対して建安以来のその他の文人と全く比べものにならず一歩進んでいる。死に対する悲哀の意識は老荘思想に覆われた西晋・東晋の士人の心の中を終始貫いていた。石崇たちの歌や踊り、宴楽はもちろん、胡母輔之の思う存分肉欲に溺れることも、また王羲之たちの風流、瀟洒さも、みな人生の慌ただしさに悲しみを感じたものである。陶淵明は「影」を借りて、「形」の人生に対するため息と怖れ、不安に答えている。「影答形」曰く、

死んでしまえば名もまた残らず、それを思うと腸が煮えくり返るようだ。

しかし善行は後世の人々に幸福を残すという。

ならばどうして善行を尽くさずにおれようか。

酒はよく憂いを散じるというが、これに比べれば劣るのだ。


「影」が儒家の信念を象徴しているのは明らかだ。孔子は川の上で「逝く者は斯くの如きかな　昼夜を舎《お》かず」と言っている。人は元から死がある。ただその有限な時間の中で「立徳」、「立功」、「立

言」を行い、身後に名を留め、はじめて命の短さを補うことができ、命の自然の時間を「意義ある時間」の中において延ばすことができる。しかしこのような思想は魏晋時代の士大夫が追い求める精神的な時代の流行に合わず、老荘思想から見ると、それまた問題を解決する最良の方法とは言えなかった。これはただ一種の苦悩を取り去ることで、別の苦悩に取って代えるに過ぎなかった。人生は朝露のように儚く、すでに無数の士人たちの生死に対する悲哀を掻き立ててきた。名利のために奔走することは、士人たちをさらに深い恨みと苦悶に陥らせた。陶淵明は先達に比べ、荘子の人生哲学に向かってさらに深く進んでゆき、生の慌ただしさの苦悩の中から解脱し、意義の世界の追求を放棄した。そして価値の否定と空虚に向かっていった。陶淵明は「神」を借りて、この問題に答えを出している。「神釈」曰く、

古の聖天子である三皇も今はどこにいるというのか。

彭祖もとこしえに生きようとしたが果たせなかった。

老いも若きも、賢者も愚者も必ず死んでゆく。

酒に酔えばあるいは死を忘れることができるが、しかしその酒こそが寿命を縮めているのではないか。

善を行うのは良いことだが、誰がお前を誉めてくれるのだ。

思いつめれば己の生命を損なう。

是非ともよく運命に委ね、人生の変化に漂い、喜ばず恐れず、寿命が尽きるならそれはそれでよい。

一人思いわずらうことのないように。

これはまさに荘子が言うところの「時に安んじて順に処れば、哀楽入るに能わず」、「独り天地の精神と往来」する自由の境地である。陶淵明は運命に身を任せ従い、心と道の深いところに至ることができ、よって心の安寧を得た。

人は社会から離れることができない。一旦乱れた世俗を離れ山里でわび住まいをすれば、精神の安らかさは得ることができるが、その静かさや淡泊さの中に孤独と悲哀が伴うものである。陶淵明は「帰りなんいざ」の後、その心境はいつも決して無邪気で生き生きとしたものではなかった。時には孤独、寂しさや悲しみをごまかしきれず、無意識のうちに現れるのを抑えられなかった。「群れにはぐれた鳥が日が暮れてもただ一羽、まだ不安げに飛んでいる。さまよって落ちつく所もなく、鳴き声は毎晩ひとしお悲しげであった。しきりに鳴くその声は清遠の地に思いをはせているのか。行きつ戻りつしていた（飲酒　二十五首）」（『陶淵明全集（上）』松枝茂夫・和田武司訳注、岩波書店）。このように孤独と悲しみいたむ似通った詩は『陶淵明集』の中に少なくない。陶淵明は確かに田園と心を結び、官界という不自由な境遇を抜け出した時、山河、田園という自由な世界に向かって飛び立ってゆく小鳥のようにうれしかった。「帰去来の辞」は心の底から出たもので、少しの虚飾もない。しかし一旦辺鄙な土地での孤独な生活をすると、陶淵明は確かに孤独と寂しさ、自分が社会から忘れ去られるのを感じ、まるで群れからはぐれた孤鳥と同じように自分で自分を哀れみ、一人鳴いても応えはない。これらは陶淵明がまだ徹底的に俗世間を脱することができず、むしろそれは「隠れる」ことで逃げ出した必然的な結果と言える。

自分の思うままに軽快な音楽に合わせて優美に舞うことは無論素晴らしいが、手枷足枷をつけながら舞う人が本当の達人である。手枷足枷をつけて舞うのは「隠れ」逃げることではなく、「衆に抜きんでる」ことをもって隠れることである。宋時代の大文豪、蘇東坡はこの点をやり遂げ、清代の大画家であり詩人の鄭板橋はこれに近づいた。

第三節 心に淀みなく、縁に従い闊達に――蘇東坡の生活芸術

一 宋時代の人々の生活中における「秋」と「愁」

趙氏の宋王朝は中国文化の盛期と衰退の転換点である。三百二十年の歴史の中で推し進めた基本的な国策は、文化を重んじ武力を軽んじる、また国内部の脅威（武将の反逆など）には備えるが、国外部の脅威（外敵の侵略など）に対してはおろそかなものだった。一方で宋時代の経済の繁栄、進歩的な政治、教育の発達、科学技術の創造、輝くような文学の発展、哲理の奥深さ、全てが後にも先にもないほどだった。しかしもう一方で国土の開拓や軍事力の勇猛果敢さは、漢時代と唐時代に及びようもなかった。これらの関係から、宋時代以後の文化人の精神、気概も漢時代、唐時代のそれとまるきり違っていた。漢時代、唐時代の士人の精神は豪放で外交的であり、宋時代の士人の感情は精緻で表に現わさない。

もしあまり適切ではない比喩を用いるならば、漢時代、唐時代の文化は青年のようで、その思想、

感情は十分に老成していないが、意気盛んであり、元気にあふれていた。宋時代の文化は不惑の歳（四十歳）を越え、体力と精神力はすでに老成し慎重であるけれども、とても成熟している。血気や性格はすでに青年に逞しさや鋭さでは及ばないが、精力に満ちあふれている。もし李白を盛唐文化人の象徴とするならば、蘇東坡は宋時代文化人の典型である。李白は動揺し不安な心を抱いており、生命の苦しい旅の中で自己の理想を追い、蘇東坡は安らかで淡泊な心情をもって、運命の苦しみの中で人生のさまざまな経験を味わった。

唐時代、宋時代の文化人の気質変化は社会環境と時代精神の移り変わりによって作り出された。表面から見ると、宋時代の経済は漢時代、唐時代に比べ大きく進歩し、科学技術、教育は前例がないほど発達した。しかし民度気風、士気としてはすでに漢時代、唐時代のような古風な力強さをなくしていた。

とんでもないような歌や踊りは太平の世の中で、宋時代の人々の心や目を楽しませた。しかし社会のもう一方では極めて不調和な状況だった。北方の遊牧民がよくやってきては辺境の地を犯していたし、宋の皇帝・真宗は毎年契丹に銀十万両、絹織物二十万匹を献上しなくてはならず、契丹国王は宋を兄と呼んだ。宋の仁宗は毎年西夏に銀七万両、絹十五万匹、茶三万斤を贈らなければならず、それにより西夏の元昊が皇帝の称号を用いるのをやめた。宋王朝はまだ大量の支出をもって無駄な人員を養わなくてはならず、それによりしばしの安定に換えてきた。このにぎやかな上に虚弱な現実は、非常に敏感な士大夫の心を一筋の影となって覆った。宋時代の人々はすでに灼熱の盛夏の時期にはおらず、すでに「其の色は惨淡として、煙霏《と》び雲斂《おさ》まる」ような秋のもの寂しさを感じていた。欧陽脩の

「秋声賦」の秋に対する描写を感じることができる。

この賦は晋時代の潘岳が詠んだ「秋興賦」に十分匹敵する素晴らしさである。「秋声賦」は多様な「比興（中国の詩歌の常用技巧の一つ）」を通して、はかりがたい秋のもの音や様子を真に迫って描写しており、その中に立って作者の自然と人生に対する感嘆を触発している。写しがたい景色を目の前に描写しているだけでなく、尽きることない意味が言外に含まれている。文学上の古いテーマである「悲秋」を借りて、秋の頃に心に思うこと、老いの嘆きの心情と宇宙人生に対する理解を述べ表している。「秋」は中国文学の「比興」の伝統の中において、一つの象徴であり、いつも人生の憂いと関係がある。これは秋と愁の音が近い（中国語で秋はqiu、愁はchou）ためだけではなく、両者の意味に関係している。秋気に至り、万物はもの寂しく、虫の声はジージーと、人の悲しみを誘う。衰えた草、枯れた柳、秋は人の優しい心を動かす。まさしく「秋の時節が人を感傷的にさせると感嘆し、確かに言い尽くせない哀愁がある」と言うべきであり、道理で衰えた草、枯れた柳、宋代の人々は填詞（古典文学の一形式）によく秋の字を引用していた訳である。

欧陽脩の「秋声賦」は具体的に秋の音や景色を描写することを通して、婉曲的に自身の政治的に受けた打撃、理想の実現しがたさの悲哀を述べ表している。しかし表現されている一般的なイメージは、ちょうど宋時代の歴史文化の雰囲気とこの時代の文化人の心境を象徴していると見なすことができる。

この文化的雰囲気の中で、宋詞は生まれた。宋詞は「理学」という厳しい霜の下で懸命にもがいていた野草である。この野草の草むらの中で、色とりどりの花——恋人との悲しい別れ、旅人の懐かしく思う気持ち、少女の閨怨、出征した軍人の郷愁、仙人についての想像、白く光る明るい月、酒によりほとばしる感情、夢の心地よさ、発散されないものはない憂いの調べの哀愁とかすかな香りなど——が枯れ落ちていった。

蘇東坡はこの一時代の秋の調べを感じ、秋の音を歌った第一の歌い手だった。

二　運命に対する黙認

儒生として蘇東坡が幼少の頃から学んだのは儒家の経書の意味、解釈だった。学んで余力があれば役人として仕え、忠君愛国は蘇東坡が一生追い求めた理想だった。蘇東坡の皇帝への上奏文からはもちろん、王安石の変法に反対する中での温和で保守的な立場、およびその他多くの言動すべてにその理想が表現されている。しかし注目に値するのは、蘇東坡が後代の人に残した主なイメージはこのような一面ではなく、まさしく他のもう一面、すなわち何ものにも拘束されない、縁に従う闊達な面である。これらの面と蘇東坡の才能がありながら発揮する機会に恵まれない一生、何度も左遷された不遇な運命とは関係がある。蘇東坡は仕官して間もなく梅尭臣に手紙を送っており、孔子の「厄於陳蔡」の故事を引いている。

その故事は孔子が苦しい時でも楽しむ君子の精神を語っているが、しかし「夫子の道はこの上なく大きいが、それゆえに天下には受け入れられる人がいない」という言葉は、蘇東坡の才能ある士が往々にして不遇をかこつという感慨も表現している。この感嘆は梅尭臣に対してつかれているが、かすかに自分の将来の命運に対する憂慮が含まれている。このような憂う気持ちは理由がないわけではない。中国の歴史上、才能のない者はもとより世のために用いるには足りず、才能のある者も往々にして世のために用いられるを得ず、これはほとんど確かな規律性のある現象となっている。

蘇東坡は四十年余り官職に就いていたが、その半分近い時を左遷の中で過ごした。蘇東坡は晩年金山で作った「自題金山画像」の詞で、「問ふ、汝が平生の功業、黄州・恵州・儋州なり」と述べている。黄、恵、儋の三カ所の飛ばされた地方で、不遇な官途人生を書き残している。

宋時代、神宗元豊二年（一〇七九年）、蘇東坡は「烏台詩案」のために黄州段練副使に左遷され、地方官の管制（中国独特の刑罰）に処せられた。

宋時代、哲宗紹聖元年（一〇九四年）、蘇東坡は幸運がめぐって来たばかりの頃、党争のため再び南恵州に流された。

宋時代、哲宗紹聖四年（一〇九七年）恵州太守が蘇東坡に対して、十分に厳しく管制の刑を行わず、甚だしきに至っては礼をもって遇し、政敵の妬みと怨みを買い、改めて果ての土地である海角の儋州に流された。

政治的命運の浮き沈みは定まらず、官界での出仕は不遇であったが、そのため蘇東坡に自己が世を治めるという功績に二度と執着させなかった。また官界の是々非々にもそれほど真面目にならなかった。縁に従い世俗にとらわれず、困難の中において自ら束縛を受けないのびのびとした楽しみを得、それが蘇東坡の後半生の基本的な生き方となった。

形の上から見ると、蘇東坡の一生は決して隠居した訳ではなく、またまだ本当の意味で「帰田」もしていない。しかしその詩文を通して表現される人生の空漠感は、かえって前人たちの「帰田」、「遁世」に比べ、さらに深刻で、徹底していた。蘇東坡の詩文は縁に従い闊達な隠居の心持が表現されているので、陶淵明的な政治に対する逃避とは異なり、社会的な退避である。それは政治の殺戮の恐れや悲しみ、嘆きではなく、人の生きる価値に対していやになり、懐疑を抱き投げ出したのである。この種の「隠れずして隠れる」方法は、実際のところ山林の隠士や市井の隠士、朝廷の中で「心を隠す」隠士を超越しており、これは人生の存在価値の徹底的な回避である。政治的回避は比較的容易に行われる。しかし社会に対する回避はやり遂げるのが難しい。たとえ出家をし僧侶になろうと、やはり衣服を身にまとい食事をし、托鉢、修行をしなくてはならず、もう一つ別の社会の中で生活をしなくてはならない。よって解脱をしなくてはならないのにしようがないという、解脱が困難な状況が起きている。蘇東坡の知恵は一つの根本的な解脱の方法を悟ったことにある。――解脱をしないことにより解脱をする。これは存在意義の根本的な放棄であり、それは自殺ではなく、色に狂う訳でもない。なぜならこのような方法は依然として心による選択を意味するからである。存在意義に対する根本的な放棄である。すなわち縁に従い世俗にとらわれず、一切を運命の黙認に委ね、またこの黙認に固執しない。蘇東坡の「赤壁賦」はこの境地が表現されている。

霧にかすんだ水面が広々とした中で、詩人と客人は酒について歌っている。酒は甘く興が乗ってきたところで、主人は「桂蘭明月」の歌を歌い、客人は簫の笛を吹き主人に和した。歌声に伴って、赤壁に面し、奮い立った一世の雄である曹操、周瑜および赤壁の大戦を思い起こすが、これらの英雄、豪傑は今どこにいるのだろう。ここに思い至り、客人は抑えることができず、俗世を超越する思いが自然と湧き上がってくる。客人のしのぶ思いを聞き、蘇東坡は話題をさらに高い境地に持って行った。

当時蘇東坡はまさに黄州に左遷されている頃で、その心中は推して知るべしである。荘子の万物はみな同じように生まれ死ぬという道理は、蘇東坡に人生の空漠と虚無を感じさせ、うまい具合に内心の鬱積と重苦しさを発散させた。

その実、黄州に左遷される前から、蘇東坡はすでに人生の空漠感ともの寂しさを感じ至り、人生存在の不十分さを感じていた。蘇東坡は「水調歌頭・中秋懐子由」の中でこの感情を書き表している。

この詩は密州において、熙寧九年（一〇七七年）の中秋に、弟を懐かしみ蘇東坡が詠んだものである。これまで一貫してこの詩を詩の評論家は中秋の月を詠んだものの中で、最高傑作だと思ってきた。風格の上から見ると、「中秋懐子由」は豪放はなく、婉曲的でもない。その境地は虚無的でかすかであり、心情は静かで久しく、満ち満ちた韻律は徐々に染み込んでゆき、味わっても味わっても尽きることがない。

当時蘇東坡は密州の太守として赴任しており、仕事は忙しくなく、いつも暇があると狩りをしたり、酒を飲み詩を詠んでいた。しかしながらこの時だんだんと詩人であり文学家の蘇東坡は物事に感じやすくなっていった。そしてちょうど中秋にあたり、明月は中天にかかり、ふと遠くにいる弟を思い起こした。詩人の思いは自然と流れ出て、この詩となった。月を望み、「天空の宮殿」に思い至ったが、それは象徴であり、澄みわたったけがれなき彼岸の世界である。そこに人間のざわめきはなく、世俗の炊煙もなく、ただ玉のように清らかで曇りない玉のような宮殿だけがある。聞くところによればそこには仙人が住むそうだ。蘇東坡はそこへ飛んでゆきたいと思ったが、しかしまたそこのひっそりした寂しさを怖れた。これはつまり蘇東坡からすると、完璧な理想の世界などないということを示している。もし理想の世界が現実の外にあるとしたら、それは理想としては不十分である。人の煩悩、喜びは人間の世界においてのみ過ごすことができる。下の段落は現実に転じている。月影の移るさまを見ながら、眠りがたい。蘇東坡はしまいに世界の本質、存在の意義、人生の価値を看破した。これがこの詩の心である。自然の存在は言うまでもなく、社会的な存在である以上は、人間のあらゆるもの自体が不完全なものである。それでは完全な理想など追い求める必要などないのではないだろうか。人生の悲しみ、煩悩は不完全な世界の中で完璧さを追求することにある。ここに思い至り、詩人の感情はとても静かになり、弟と共に人間における理解と、この不完全な世界の味わいを分かち合いたいと思った。急に、人間の常ならない人生の移り変わり、月の満ち欠けは共に淡い懐かしさと幸福を祈る一句の詩と化した。

三　禅僧のように無欲に

人生全体の空虚さ、冷ややかさに、存在意義の本質性の否定は、蘇東坡に儒教を信奉させ、仏教、道教に出入りさせ、俗事について語らせ奥深い思想などに偏らせた。そこで自然のようにこだわりも束縛もなく、決まった形にとらわれず感情の発露のままに書けば、皆ユーモアになる。そこには屈原、阮籍、嵇康的な心配もなく、李白や杜甫のような気迫にあふれた真心もなく、李商隠、柳永らしい何事にも感じやすい情の深さもない。逆に禅僧のように無欲で、自然で超越的でなく、さらりとして縁に従い世俗にとらわれない、すなわち生活において非常に苦しくどうしようもない時も蘇東坡は普段通り変わらない。嶺南の恵州に流された時、蘇東坡は体調を崩し、羊肉を食べたいと思ったが手に入れることができず、羊の骨を少し買うことしかできなかった。そしてスープを作り骨についた肉を削り取って食べた。もしこれが李白であれば、非常に不平不満を言ったであろうが、蘇東坡は違った。削りながら食べ、最後には削り出すことに楽しみを見出した。そして筆を執り、「仇池筆記」を書いた。

果ての地である海角に流刑になっていた時、蘇東坡は水面に浮かんだ葉の上に蟻が乗って漂っているのを見て、自分と蟻の境遇が同じだと思った。これもユーモアの一種である。

蘇東坡は縁に従い世俗にとらわれない態度はその境遇、天性と関りがあるが、そればかりではない。蘇東坡の人生に対する態度は、形而上の理解によって作られた。このような理解は荘子によって啓発され、当時の知識人が十分にその禅の理屈を熟知したところに得たものがある。蘇東坡と禅僧は親密に交際し、知力を戦わせ、遊び戯れ、論じないことはなかった。蘇東坡は世俗にとらわれる所がなく、常にユーモアにあふれていた。そして世俗を超越した生活と非常に優れた「隠れる」知恵をもって、一瞬に対して永遠、刹那の古今の禅の真理を活用した。禅家の語録である「無門関」曰く、

「春に百花有り秋に月有り、夏に涼風有り、冬に雪有り。若し閑事の心頭に挂くる無くんば、便ち是れ人間の好時節。」

(『無門関』西村恵信訳注、岩波文庫)

一切の道楽はとどまることなく過ぎてゆき、滞ることなく通って行く。縁に従い気ままに対処する禅の境地に至って、蘇東坡はそれにより自己の心の形而上の真理に落ち着いたのではないだろうか。宋時代、元時代以後の教養人のほとんどが儒教と禅宗を同一視することを理解し、その教養人たちの

生活の趣、心の境地はほぼ蘇東坡に近い。よって、蘇東坡は後期の専制王権社会の教養人的生活の象徴となった。蘇東坡を理解すれば、公安三袁、張嵆が理解でき、鄭板橋と揚州八怪が理解できる。

第四章

明代人の「楽しみ」

第一節　オウムは金の鳥かごを好まない

歴史の重大な変革期には、しばしば倫理の規範に背く強情で不遜な「狂人」「狂士」と呼ばれる人物が現れるものである。春秋時代の末期、楚の国のある狂人が孔子の車の横を歌いながら通り過ぎ、嘲っていった。「鳳よ鳳よ　お前の徳は何と衰えたことよ（微子第十八）」（『中国古典文学大系三巻　論語』木村英一・鈴木喜一訳、平凡社）。魏晋の時には、劉伶、阮籍、嵇康などの竹林の名士たちが皆「狂」の字を背負っていた。唐時代の大詩人、李白は楚の狂人である接輿に自分を例えている。狂人の多くは鋭敏な頭脳と個人意識、はっきりとした独立した人格を備えている。それゆえ社会からは許容されない。明時代の中後期には批判的な頭脳と人間性の解放を追求した「狂人」が出現した。当時一般に新思想の哲学家、文学家、芸術家は往々にして「狂」をもって自任していた。李卓吾は宋学の隠れた事実をあばくことにたけ、自ら「心もちは狂悍かつ癡頑、行いは単率かつ易直」と賛じている（『中国古典体系　第五十五巻　近代随筆集　焚書』溝口雄三訳、平凡社）。画家の徐謂も狂人をもって任じていた。袁宏道はさらに生まれつきの性格がねじけており、時の人として知られ束縛されることが耐えられなかった。袁宏道は青年時代に「狂歌」という詩を作っている。その中でなんと六経（儒教の基本教典）をいつでも投げ捨てることのできる草で作ったイヌ（祭祀に用いた）になぞらえ、天の高さ地の厚さを知らないことを罵り、孤高であると自任し、偽りの聖人の言葉をもって虚勢を張る腐儒を甕の中の酒や酢と同じように笑い哀れんだ。明時代の後期になると専制的な名教の偽の道学に対する狂士たちの批判ははばかることなく大胆で辛辣であり、歴史上前例を見ないほどだった。歴史上の狂士は多くが直立し叫び声をあげ、孤立無援で、その狂ったようなお祭り騒ぎの形の裏にしばしば深い孤独と仕方なさを隠している。

明時代中期になると、民間の気風と士人の習慣が移り変わってきたので、気ままで奇妙な者たちの声はしばしば市民、士大夫に受け入れられ、大目に見られ、甚だしきに至っては青年たちの熱烈な歓迎を受けた。統治者は李卓吾の書を厳しく禁書としたが、しばしばやりきることができず、李卓吾が時代の声を叫ぶので、相変わらず巷で流行していた。ゆえに「士大夫は李卓吾の書を喜び、しばしば収集し、未だになくならない」（『日知録　第十八巻』）状況だった。狂人の思想は社会において広く広がり、中後期の明時代社会風習を一種の「狂症」に染め上げた。実際、それは社会の分裂、文化の変化の前奏だった。明時代の士人たちは、荘子の声を拝聴するのが好きだった。彼らの目の中には、荘子はもっとも早く真実の「自我」を発見した詩人であり哲学者だった。荘子のその適性に逍遥し、天下をあるがままに放任し、運命がなすに任せ、心と道の深いところに至り、「人のさかしらによって自然の働きを滅ぼしてはならぬ。ことさらなしわざで自然の命を滅ぼしてはならぬ」（『荘子　第二冊秋水篇』金谷治訳注、岩波書店）というその自由主義哲学は明時代の人々を人間性の解放と倫理異化に反対する方向へ向かうために精神的な支持を提供したので、明時代の人々は荘子を読むことを好んだ。荘子の哲学は長い夢から覚めるような意味を持っていた。荘子は「道軸」と「天鈞」に立って人生を観察し、本物の芸術家が風景を観察するのと同じように薄い霧を隔てた。哲人と現実の間のこの美を理解する距離は、人々に批判する力を獲得させ、堅苦しい人生の些末な事柄の中からその意義を見出させた。ゆえに本物の詩人、哲学家は大概理想主義者であり、現実主義者との思想とは完全に相反する。後者はなにがしかの実用、功利性の目的のために一生せわしなく、その目的だけが絶対の真実だと考えている。荘子はこのような人間を本当に救いようがないと考えた。このような人は最低限の疑いですら抱かず、ただ意味はわかるがどうしてそうなったのかがわからない。

荘子の哲学が論じる最も重要な問題は「私は誰なのだろう」「私はどのように人生を享受すべきなのだろう」「誰が最も人生を享受できるのだろう」ということである。荘子は有限の現実の中でいわゆる完璧さを求めるには及ばない、得られないものを尋ね歩いて力を浪費するなと戒める。我々について言えば、最も重要な問題はどのように我々の理想を調整するかであり、自分たちをどのように平和に共存させ、物事にこだわらず忍耐させ、幸福に暮らさせるかである。有限の生命の中で絶えず外に向かって求めていれば、我々の本性をなくすだけであり、それは荘子の言う「喪我」である。例えば我々は田野できょろきょろと何かを探している人を見る。ある聡明な人が「あの人は何を失くしたのだろう」と提起する。ある者は腕時計だと想像するだろうし、ある者は指輪だと思い、それぞれ推測する。この時皆自分の推測がはっきりと把握されていないと感じるだろう。そこであの荘子のような智者が簡単に皆に言うのである。「教えてあげよう。あの人は自我を失くしたのだよ」。現実の中で我々は往々にして何かを求めるがあまり、本当の自我を忘れてしまう。荘子は美しい物語でこれについて語っている。カマキリは蝉を捕まえた。その後ろにスズメがいる。このかわいい小鳥は蟷螂食べたさに自身の危険を忘れ、このカマキリも蝉を捕まえたがために自分がまさに小鳥の口の中で死のうとしていることを忘れている。この寓話は人々に告げる。何かを求めるあまり自我の本性を見失うな、手段を目的と取り違えるな。人は各自の本性に満足して生活するべきである。その性を満足させる生活こそが幸せな生活である。

荘子は言う。「牛馬がそれぞれ四本の足でいるのは、それこそ天の自然である。馬の頭を綱でからめたり牛の鼻に輪をとおしたりするのは、それこそ人の作為である」（『荘子　第二冊秋水篇』金谷治訳注、岩波書店）。牛馬は四つの蹄を持ち、自由に歩くことができ、これは牛馬の天性である。牛馬におもがいをつけ、鼻に輪を通すのは人の作為である。馬や牛について言えば、ちっとも望むことではなく自由の真性を失うものである。荘子が例えて言うには、鴨は檻に繋がれ豊かな生活をするより、むしろ沼沢の中でつついて飲食したい。カメは骨を折られて神の捧げものとして廟の中にいるくらいなら、むしろ泥水の中で自由自在に生きていたい。この二つはどちらも自由が幸福の根本だと述べている。

明朝時代の人々は大部分が荘子の思想を好み、深くその影響を受けた。

「鼻に輪を遠し首を綱でからめる」の例えは、確かに『荘子・秋水篇』からでている。袁宏道が言ったような鸜鵒、鷲、鳩の話は、荘子の中の野生の雉が「籠の中で養われることを求めはしない」（『荘子　第二冊秋水篇』金谷治訳注、岩波書店）という例え、「魯侯が鳥を養う」（『荘子　第二冊至楽篇』金谷治訳注、岩波書店）例えと大同小異である。王思任が詠んだ「題四牛図」という絶句は荘子の「鼻に輪を通す」例えと符合する。

牧童は牛を放し、かえって牛を見きれなくなり、牧草地で牛が好きにするに任せていた。詩人はまだ不足だと思い、思い切って牛の鼻の綱を解いてしまった。牛がこの広大な天地の間を縦横無尽に駆け回って、それでこそ何の不快さがあるというのだろうか。牛の野性を解放できることを望んだのは、明時代の人々の自由に対する個性のあこがれと追求を反映している。

明時代の極めて個性的な作家である張岱も、奇妙な考えを持つ人だった。張岱は動物たちの檻を開け放ち、閉じ込められている家畜や家禽を大自然の中に、池に飼われている魚を川に放すことを望んだ。そして鳥が天高く飛ぶに任せ、広々とした自然の中を魚が泳ぐに任せた。そのことは『西湖夢尋・放生池』に載っている。

これを作った作者は、檻の中に閉じ込められ、池に飼われて、鎖や綱に繋がれている鶏や鴨、魚に兎、鹿、猿があるいは飢え、苦しみ、病み、死に、非常に苦しんでおり、自由な生き生きとした天性を失っているのを見た。そこで寺の僧侶にそれらの動物を放すよう説得し、自然の生き物を自然に帰させた。これはまさに荘子の言う「ことさらなしわざで自然の命を滅ぼしてはならぬ」という自由主義の精神を体現している。

明時代中期の士人のほとんどが思想、感情の上で市民社会に近かった。士人たちは現実に向き合い、人生に熱中し、世俗的な幸福や快楽を追求することに執着した。彼らは遁世に反対し、「適世」を主張した。士人たちからすると、思う存分現実の幸福を享受し、自分の趣味の通りに生活することが、自ずと「天性」のしかるべき義である。このような人生に対する理解によって、明時代後期の士人たちの生活態度、価値傾向、情趣の美を理解することはすべて正統な理学の倫理本位主義の中から解放された。彼らは二度と昔の儒教礼儀に満足せず、喜んで風月の中を酔って伏し、わずかな食べ物で貧しさに甘んじ学問に励む孔子や顔回の楽しみには甘んじなかった。また思う存分に色に狂う快楽を公然と追いかけた。二度と奥深いところに咲く蘭のような孤高の芳しさを思わせる操を持たず、むしろ高官や豪商と官界や街で楽しむことを望んだ。要するに、士人たちはもう天下を憂い楽しむことを自らに務めとはせず、存在の意義を美食談義や茶や酒を嗜むこと、庭園を造ること、草花を愛でること、歌妓を養い、講談を聞き、暇つぶしの本を読み、交際を喜び、山水を楽しむなどの世俗的楽しみに投じたのである。人心はふしだらに流れ、生活はわがままで無作法になり、明時代中後期の社会的気風と士人の習慣の主要な象徴となった。「礼儀は恥を知り、国を治める規範である」と標榜した儒家、名教と「理を心に抱き欲をなくす」、主静持敬の程子や朱子の教条には、日に日に世俗化する士人たちの騒ぐ精神はもう収拾できなかった。

第二節　人生は笑うことが欠かせない

一　〝笑い〟の略史

中国人は昔から笑うのが好きで、明るい希望、大団円が大好きである。中華民族は闊達で楽観主義であり、ユーモアに溢れた民族である。昔から今に至るまで、民間ではとても多くの笑い話が流れた。中国の歴史上、多くのユーモアある人物、ひょうきん者が現れた。彼らの笑い話がなければ、中国人のつつましい生活は、ずっと暗いものになっていただろう。二千年ほど前、歴史家の司馬遷はユーモアの生活を調節する作用について注意を払い、「遠回しに急所を突く話し方は紛糾を解消することができる」と考えた。そしてひょうきんな人物を「列伝」の中に付け加え、そのひょうきん者たちを「どうして偉大でないだろうか」と、素晴らしい人物だと認識した。春秋戦国時代の哲人と政治家、外交家は多くがユーモアと機知に富んでおり、寓言を用いて理論を戦わせることが上手かった。斉の国の賢相晏子は冗談を言ってよく弁論したことに対して、司馬遷は深く尊敬を払っており、「（もし晏子が生きていれば）晏子のために馬を御することであっても嬉しいほど敬い慕って」（『史記・管晏列伝』）いた。荘子はさらに際立って優れたユーモアの大家であり、荘子はかつて生活の中にユーモアが欠ければ人生は一大苦難であると感じた。荘子は言う。

「人の寿命は最高の長生きでも百歳、中の長生きは八十、下の長生きは六十で、病気とか親戚の死亡とか心配ごとの期間を除くと、中間で口をあけて笑える楽しいときは一月のあいだにやっと四、五日ていどだ。」（『荘子　第四冊盗跖篇』金谷治訳注、岩波書店）

人は楽しむことができなければ笑わないだろうし、それは智慧の不足である。諭し方の表現に通じていなければ、「己れの欲望を満足させ己れの寿命を養うことのできないようなやつは、すべての道に通じたものとはいえない」（『荘子　第四冊盗跖篇』金谷治訳注、岩波書店）。「刑名法術の学」を唱えた韓非子は権力の意志と政治的謀略を宣揚したが、彼もまたユーモアに溢れており、『韓非子』の中には多くの寓言と笑い話が残されている。韓非子の「守株待兎」の物語は今なお人々に、融通が利かず保守的で新しいものを受け入れようとしない時代遅れのばかばかしさを風刺するのに用いられている。

初期の儒学者の大家である孔子、孟子とて決してどんな場合も道徳家気取りでまじめくさった顔つきをしていたわけではない。孔子は礼儀を重視したが、しかし学生と共に生き生きと道を論じる時、時には冗談も言った。「割鶏焉用牛刀（鶏を裂くのにどうして牛刀を用いる必要があろうか。小事を処理するのに大がかりな手段を用いる必要がないという例え）」の一語は、学生に対して遊びで話している時に言った深い哲理に富んだ笑い話である。孟子は弁論に長け、かつ浩然の気をよく養った。しかし孟子が語った「斉のある妻と妾」の物語は、千古の笑い話の傑作であり、斉人の乞食の醜態と妻と妾の前における虚栄心をありありと紙上に漫画のように描いている。

漢時代以後、文人の経学的な性格はだんだんと濃くなり、話されることや書かれる内容も法律や道についての言葉が多くなった。しかしユーモアはいまだ絶えることなく、「儒教だけが尊い」という漢の武帝の時代に、ユーモアの大家、東方朔が出現している。

魏晋時代、礼法はすっかりなくなり、清談が流行り、滑稽話はさらに数えきれないほどだった。子が父をからかい、妻が夫をからかい、男女はお互いにふざけ合い、少しも私生活の秘密をはばかることがなかった。『世説新語』の中の「排調」の一章はこの時代の笑いぐさを載せており、笑い話を専門に探し集めた文集、例えば邯鄲淳の『笑林』などがこの時期に現れている。

唐時代の古文のリーダーである韓愈は『原道』などを書き表しているが、これらは経書の注釈に近く、道学（宋時代の朱子や程子が唱えた性理の学）の気風を開いた。『毛穎伝』はユーモラスな娯楽の文章であり、『進学解』は国子監（最高の教育管理機構）の書生に見せるために書かれたが、その中は皮肉を多用し、読む人を大笑いさせる。杜甫、柳宗元の雑文、小品もユーモアとからかう趣に溢れている。

北宋の蘇東坡は生まれつきの性格が闊達でユーモアを愛し、禅僧と冗談を言い合い知恵比べをしたことは、宋人の随筆によくみられる。欧陽脩の『酔翁吟』と邵康節（邵雍）の「安楽窩」のために書いた「安楽歌」は古今の笑林という笑い話集のなかで冗談に事寄せてじつに雅な小品である。宋時代に理学が流行したのは明らかであるが、教養人のユーモアの天性が消えてなくなることはまったくなかった。

元時代は教養人の地位が低く、娼婦の下に置かれるほどであり、哀れむべき状況だった。科挙は一時中断し、教養人は出世の道がなく、差別視され、殺される怖れがあった。逆らう力はなく、しかし屈服せず、そこで教養人は隠士となって勇敢に戦い隠逸を謳歌した。自然を賛美し霞のように俗世間を離れ気ままに暮らし、自らをからかい自嘲した。寄席や娯楽施設に身を投じ、退廃的な音楽の遊びに心を寄せ、精神の安堵を探し求めた。すでに道とは同じでないが、穢れたわけではなく、心の中の清らかな泉を固守した。元時代の教養人は隠士であり、道楽者であり、闘士であった。この時代の教養人の作品と宋時代の高雅な戯れのある作品は異なり、往々にしてなすすべのない自らからかう姿勢と自嘲が表れている。この種の昔になぞらえて今を風刺し、世を嘲笑う苦笑をもって自ら戯れることは、読者を悲しみの涙に誘う。

清時代人の冗談も特色がある。『儒林外史』の知識階級の笑い話と『官場現形記』の政治的な笑い話だけ言っても、読者を読んだ後心ゆくまで楽ませ、また物思いにふけらせる。前者は士人の性格がねじ曲がっていることに対して科挙制度と教養人の悲哀を笑い、後者は官界の暗部と腐敗、官僚文化の詳細を笑っている。

このような笑いがなく、わずかに四書五経、二十五史の正統な文化の中からだけ見たならば、中国人と中国人の歴史に対する理解は不完全である。

二　明代人の「笑い」は気ままな笑いである

ここでは見方を変えて、明代人の笑いについて述べる。

明代人の笑いは、普遍的であり、心から楽しみ、率直であり、世俗を笑う。要するに明代人の笑いは気ままである。

明時代初期の文壇では、元時代末期の名残を受け継いで、まだ寓言創作が減っていなかった。明時代中後期、すなわち正徳、嘉靖の時期以降、資本主義の萌芽が芽を吹き、社会の気風や士気がだんだんと節度をわきまえず勝手気ままな方向に向かっていった。正統な古い道徳を大事に守る立場から見れば、この世相は退廃に向かっているように見える。しかし歴史的な観点から見れば、明時代中葉の社会の気風や士人の習慣の転換は、専制的な倫理、名教の危機と自由な個性、主体的意識の勃興であり、宗法倫理の縛りをまさに突き破るのであり、倫理異化の中から自由な世界に向かって行ったのである。勇気を持って本当に泣き、本当に笑う狂狷の士が情勢に乗じて多く現れた。交換を目的とする商品の生産を行う経済が発展した三呉地区（呉郡、呉興郡、丹陽郡）において、真っ先に祝枝山、唐伯虎のような風流な才人が現れた。枝山は「色と酒、サイコロを好み、新しい歌を作ることに長けて」おり、礼法を嫌った士である。伯虎は江南の風流才人を称し、「若い頃は才知を重視したが、晩年は落胆し自ら欲しいままに振舞った」（『明史・文苑伝』）。これらの士の面白い話やエピソードは広く当時の世の人が楽しむところとなった。万歴以降、士たちのからかい笑い、楽しみ遊ぶことを好む気風が盛り上がり続けた。「異端の最たる者」李卓吾は「ひょうきんで嘲笑し、口をついて出ると大笑いでき、同時に身に染みる」（袁中道『珂幸齋集・李温陵伝』）。画家の徐渭は「冗談を言い気ままにふざけ、蘇東坡の類（『徐渭集』附「刻徐文長逸草序」）と言われた。袁宏道は小さい頃から滑稽なことを好み、自ら「少年時代はユーモアに溢れ、大いに「滑稽伝」に入れ込んだ」（『袁宏道集箋校』九巻）と述べている。王思任も雅な戯れが癖になり、自ら「謔庵」と称した。湯顕祖、陳継儒、馮夢龍、江盈科、張岱などに至っては、皆雅な戯れとからかいを重視し、これらの人々の散文、小品を読むといつも読者は思わず机を叩いて絶賛し、捧腹絶倒する。

明時代の人々は結社を好み、それらの結社の多くは政治的なものではなく、文化・娯楽的なものだった。例えば文社、茶社、酒社、囲碁将棋社、闘鶏社など、多種多様で何でもあった。その上不思議な文社があり、主要な活動内容は笑い話をすることで、互いに競い合い、それをもって楽しんだ。張岱の叔父・葆生は都で漏仲容、沈虎臣、韓求仲らと社団を組織した。その名も「大笑い社」で、笑い話をし、互いにからかい合い、そして面白がること専門の結社であった。

明時代の中後期、このように多くの教養人が笑いを誘いからかい、戯れふざけ笑い飛ばすことを好み、なんら憚ることがなかった。これは明時代の特別な文化現象で、魏晋時代に勝るとも決して劣らない。これは当時の教養人一般が皆世間を楽しみ、生を楽しむ人生哲学と比較的闊達な性格を持っていたため、このような現象が生じたのである。泰州学派の多くは人の心は本来愉快なものであると認識していた。

王艮は王陽明の「良知」の教えを究極まで押し広げて、一種の超功利的な「楽しさ」の学とした。人の生活は世の中においてどうしても自己の喜び、楽しみを求めなくてはならない。これはすなわち生まれつきの性質がそうさせるのである。この愉快な哲学があって、明時代の人々の楽しい笑いと生活があった。袁宏道は言った。「人間としての情は必ず拠り所があり、それによって楽しむことができる」(『袁宏道集箋校』五巻)。人の感情は何に託されるのだろうか。明時代後期の人々は過度に文学芸術と文化的娯楽に偏った。例えば詩文、戯曲、書道、絵を描くこと、山水、庭園、貴重な愛玩物、骨董、囲碁、闘鶏、蹴鞠、花を育てること、鳥をからかうこと、おしゃべりなどである。これらのさまざまなものはすべて真の楽しみのためであり、「人は真の楽しみがあれば、苦しみに至ると言えども、これを楽しくなくさせることはできない」(『袁宏道集箋校』五巻)。このいわゆる「真の楽しみ」とは、自らの天性の喜び、楽しみを生じることを指す。

本性の喜び、楽しみを追求することによって、明の人々は多く心ゆくまで自然に、遠慮なく笑うことができた。そして本当に笑い楽しむことのできない官界、名利の場を非常に冷ややかに見ていた。袁宏道が蘇州の呉県の県知事だった時、全身で不自由を感じ、いつも悲鳴を上げる暇もなかった。

公安派のもう一人の詩人、江盈科も蘇州府で県の長官になり、非常に実績があった。しかし朝廷で、ある者が江盈科は徴税の任務を果たし切っていないと告げ、大理寺丞という閑職に転任させられた。友人はこれについて不満を言い、江盈科は「聞報改観」という詩を作り、自らを慰めた。官界に対して必ずしもひどく真面目には見ておらず、本来皆芝居のようなものだった。官位の有無、昇進免職を、ひとつ人の本性自然の楽しみと見てみたらどうだろうか。その官界で次から次と客が来たり帰ったりして忙しく接待し、大きな声で笑うこともできないでいるよりは、布の服を着た平民の方がはるかに自由で楽しい。明時代の人々はユーモラスで、生き生きとして笑いを愛し、皆が『聊斎志異』の中の狐女である嬰寧のように、人の一生を幼年時代から老年期まで、名利、三綱、五常、名教の中に縛られ、笑いたくても笑えず、本当に苦痛であると思っていた。ここから人々は笑いの意義を理解し、笑いを一種の智慧だと認識し、笑いは人生の苦痛と悩み煩いを解消し、人を愉快で気楽にさせ、若々しくしてくれる、心身の健康にとってとても有益だと考えた。笑いはまた生活に彩りと喜びを添え、人の心を和やかにさせる。もし生活の中に笑い声がなくなったら、砂漠のように無味乾燥なものに変わってしまうだろう。笑いは偽りの道学を暴きだし、神聖なものを腐った臭いものに変え、軽蔑した笑いは盲目的にこれらを崇敬し、夢中になっているものを、醜い下品な、一銭の価値もないものにする。笑いは腐ったものを治し、また愚かなことを貶める。目の穴が小さい者は視野の広い者を笑わせ、心の穴の塞がった者は闊達な者を笑わせる。人の道において、笑いは大なるものであることがわかる。ある時生活の中で無様な現象に対して、怒りの表情で批判はしにくい。もっともよいのはこれに対し軽蔑の笑いを投げつけることである。この時の笑いは、鋭い批判よりさらに深い。王思任は笑いの世間を嘲る意義に対して深く理解していた。

俗っぽく耐えられないようなものに対して、その義憤が胸に満ち、ドン・キホーテのように大きな風車と大規模な戦いをし、厳かに宣戦するよりも、むしろ鼻で笑い一笑に付した方がよいのである。多くの凡人と低俗なものに対して、笑いはもっとも明白にそのちっぽけさと賤しさを暴くことができる。

三　明時代末期の「笑い」の文学

明時代の人々のユーモアがあり、闊達な性格、教養人のとても上品なおどけと伸び伸びとした笑いの気風は、明時代中後期のユーモア文学の盛んな発展を促進した。

まず寓言の笑い話の創作が非常に活発で、かつ残した業績も立派だった。その数が多いだけでなく、思想芸術のレベルも高かった。王利器氏が集めた「歴代笑話集」は約七十五種の笑い話を収録し、明時代晩年のものがほとんど半分を占めており、当時笑い話の創作が盛んだったことがわかる。江盈科の『雪詩小説』と『雪詩諧史』、趙南星の『笑賛』、劉元郷の『応諧録』、馮夢龍の『古今笑（またの名を『譚概』）』などは優れた笑話集である。

明時代中後期の笑い話と寓言には二つの顕著な特徴がある。一つは現実性、もう一つは通俗的であることである。いわゆる「現実性」は歴史的な古い装いを脱ぎ去ったことを指し、昔の人、ことを論ずる形で現在のことを風刺する形式を採用しているものは少なく、ほとんどが現実の生活に題材をとっている。直接時事を風刺しており、嘲笑される対象は、大概が凡庸な師とやぶ医者である。この多くが凡庸な師が人材を間違った方向に導き、やぶ医者が人命にかかわることを誤るものだ。周啓明は「これは本来昔の社会における一大問題であり、教育と医療はどちらもうまくいかなければ結果として、子弟を間違った方向に導き、病人を死なせ、人の心を痛め憎み嫌うところとなる。笑い話の上で、先に表現されている」と指摘している。また当時の官界や行政のやり方を風刺する作品も少なくなかった。例えば江盈科の笑い話で、地方官が骨の髄まで搾り取り、池を干して魚を獲ってまで租税を支払いきるよう求めたことを風刺した話がある（『催科』）。また裁判官が法律を過酷に適用してできるだけ人を罪に陥れようとし、必ず市民を窮地に置こうとしたことを風刺している（例『深文』）。ある話では権力者がぐずぐずしいい加減で、責任を人のせいにする（例『任事』）。文臣と武将が権勢を笠に着て威張り散らすが、極端に無能である話（例『鼠技虎名』）。また趙南星の『孟黄鼬』のように、貪官があらん限りの秘密を尽くし、その才気の鋭さが比べるものがないほどであることを描いたものもある。明初の笑い話、寓言には大体が昔の人の服を着て、昔の言葉を使い、昔の物語を語るので、時代がかっており、読むと世界の隔たりがあるような感じがした。これらの物語は、上流階級の人、いわゆる高尚な人に語って聞かせるものであり、内容も形も古めかしくて難しかった。明中期の士人は生活、思想、創作の諸方面すべてから市民に近づき、よってその創作した寓言、笑い話はできるだけわかりやすく文章も流暢で、大衆向きでありわかりやすかった。これがいわゆる「通俗的」である。

当時の小説、戯曲も笑いとユーモアの香りが多分に含まれており、造詣も深かった。『西遊記』は神仙と妖怪の傑作小説であり、同時に独特のユーモア小説でもある。作者の呉承恩は生まれつき冗談を言い、ユーモアがたっぷりな人だった。唐の僧師が経文をインドへ行って取得し、八十一もの困難を経験し、大変苦労をしてついに悟りの果を得たことを叙述した。本来厳かな宗教的で崇高な事柄を、しかし作者は常に念入りに筋を組み立て、滑稽な内容を挿入し、孫悟空のわんぱくで豊かな機知、猪八戒の愚かさの中に才能を隠していることと三蔵法師の実直さは鮮明な対比を作り出し、読者をスリリングな時も常に面白く感じさせ、そして冗談の中で物語の中に含まれた知恵や道理を体得させる。『荘子』と『西遊記』はほとんど中国ユーモア文学の双璧と言える。

元時代から始まった中国の芝居はみな滑稽さとからかうことの芸術効果を重視している。歴代の伝統劇の俳優の中に多くの滑稽家が現れ、族譜の中の苗字は「丑」である。明時代の何名かの大戯曲家はみな、滑稽の分野で腕前があった。徐渭は小令（「散曲」の中のまとまりになっていない曲）を造ることを好み、士人たちの間で広く語り伝えられた。湯顕祖の『牡丹亭』は珍しくて美しく、また端麗であるが、ユーモアも入り混じっている。牡丹亭の中の「閨塾」の一幕では、年を取った私塾の先生である陳最良が時代遅れであり、頭が古くて知識も浅く、劇中でからかいが続々と起き大笑いさせる。芝居の大衆演芸理論家・王驥徳は「滑稽」の問題について特に討論したことがある。諧謔の曲は作るのが難しく、「抜群の筆」をもって、俗をもって上品とするはじめとすることができる。劇中に盛り込まれた笑いを誘う台詞、自然における貴さ、造ることも無理やり配置することもできない。滑稽芸術に対して、高い要求を提示している。李笠翁などはこの基礎の上に滑稽芸術の理論と実践について発展させた。

明時代の中盤以降、笑いの智慧とユーモアの香りも元来上品な文学に属す芸術の殿堂――詩文の領域にまで広がった。一時流行した公安派の詩歌と小品文には、ある共通の特徴があった。それはユーモアと新鮮さである。我々が張岱の『陶庵夢憶』、『西湖夢尋』、袁宏道の『袁中郎随筆』、李漁の『閑情偶寄』などの人の精神、情感の散文を紐解いてみると、所々で明時代の人々の熱心な生活、ユーモア、偽りを除き真実を残すこと、俗に雅やかさを含ませる時代の香りを感じることができる。

また笑い話は人に笑いさざめきの中でその含まれた道理を悟らせることができる。これがユーモアの魅力である。李卓吾はその小品『賛劉諧』の中で、道学家の皮肉に対してもこのような効果があると述べている。

「一道学者あり、高屐大履、長袖に闊帯、綱常という冠に人倫という衣をつけ、他人の紙墨の一、二を拾いとり、他人の口吻の三、四を竊み、それ自分では真に仲尼の門徒と思いこんでいる風情。時に劉諧に遇う。劉諧なるものは聡明の士で、これを見て、「このお方はわが仲尼兄さんをご存じない」と哂った。その人、勃然と色をなし、起ち上がって言うことに、「〈天、仲尼を生ぜざれば、万物永遠に長夜の如し〉とか。しかるに、お前はいったい何ものなのか。口はばったくも仲尼を兄さん呼ばわりするとは」。劉諧これに答えて、「はてさて、伏義氏以前の聖人は、その長夜とやらを一日中、紙燭をともして歩いていたというわけか」と言えば、相手は黙然としてそのまま口をつぐむのみ。」

（『中国古典文学大系　第五十五巻』入矢義高編、平凡社）

この雑文は百余字で短いが、読者が考えさせられる。人に腐儒の傲慢で愚かなところが笑え、劉諧の機知とユーモアは喜ばれた。極めて少ない数言で、後人がつけ加えた聖人のベールを暴きだした。この他に、馮夢龍、王思任、張岱、李漁などみな非常に諧謔を得意とし、その詩文にはどれもユーモアの深い味わいに溢れていた。

第三節　情理は拠り所があって後楽しい

明代人の性格は非常に活発で、興味や趣味の幅が広かった。例えば詩文、書画、芝居、浪曲・講談・漫才・落語などの大衆演芸、琴と碁、骨董、庭園、造石、美食、茶・酒、花や鳥、虫や魚、伎女、飾り提灯作り、狩り、蹴鞠、また闘鶏、闘鳥、コオロギを闘わせるなど、およそ娯楽になるものはすべて、明代人の道楽となった。このような生活は前人未到のものだった。張岱は際立ったその典型のような人物だった。張岱の弟・伯凝はやぶ医者だったが、生活における趣味は兄に劣らず広く、「知り尽くさないことはなく、新しく始めないことはない」と言うべきありさまだった。

明時代の人々の興味、趣味には一つの顕著な特徴があった。それは一旦何かの娯楽に興味を持つと、好きで疲れを感じず、とりつかれ、改め難くなるということであり、それをもって命とするような癖があった。当時の人の多くがこのような癖を持っていた。張岱は『陶庵夢憶』の中で、友人の多くがこの癖を持った偏った人物であると述べている。これらの癖は明代人の生活の中のなにがしかの対象に対する熱烈さ、物欲、娯楽、芸術に対する追求をよく映し出している。明代人の本質、本心、本当の興味を具体的に表している。張岱の友人の多くがなにがしかの方面において病的に熱中していた。真の趣味と嗜好がないということは、その人に子供のような真心がないということを表しており、そのような人とは真の友人となることはできないと張岱は考えた。嗜好は明の人々の喜び、楽しみの源泉となった。人は興味や趣味があって、感情に拠り所があり、志に向かう所があり、精神に託す所があり、そしてようやく生活の楽しみを感じることができる。さもなくば何もせず、退屈で仕方なく、立派な家屋敷や宝があったとしても、生活に飽き飽きし苛立ち、少しの情趣もない。

興味と趣味は人に精神と知恵を安心して趣味の対象に向けさせ、その対象と解け合い一体とさせる。

精神が拠り所を持つことで、心身共にリラックスすることができ、したがって生活自体の美しさを感じる。そもそも人は社会的活動や芸術において達成者になりうる。その天分と勤勉さの他に、興味は欠かすことのできない要素である。

明時代嘉靖以後、手工業の発展は速く、文化芸術に関わりのある分野、例えば板刻、印刷、文房具、金属製品一般、陶磁器など、皆その製造技術が高いレベルに達した。経済の発展は人々の消費水準も大いに向上させた。当時の人々は文化娯楽活動と生活美化両方に対して、極めて高い興味を示した。人々は芝居を見て講談を聞き、歌を聞いて節句になれば興味津々でさまざまな遊戯や娯楽に参加し、あるいは中秋の名月を愛で、あるいは元宵節の観灯、端午の節句のドラゴンボートレース、あるいは清明節の頃に郊外に散策に出るなどした。

このような盛況ぶりは、西湖のピクニック、秦淮の龍船会、虎丘の中秋節に匹敵した。これと同時に、人々は生活環境の美化に対して日増しに重視し始めた。装いが美しくモダンであることが求められ、居室にも装飾をすることが求められた。裕福でない家の一部でもいつも門の前や屋敷の後ろ、小さな庭の中に木や花を植え、山を作り石を積み重ねた。甚だしきに至っては自分で念入りに設計して簡易の庭の小景を造り上げ、心を込めて生活環境を飾ろうとした。

我々がいっそう絶賛するのは「美」が一般の市民にまで浸透したことで、下層の庶民も教養人と同じように、「耳目を楽しませる」芸術を生活の中に追求し享受したことである。

生活様式と生活の情趣の変化によって、明時代中後期は少なからずの教養人が「三不朽（立徳、立功、立言）」の伝統的価値観にもう固執しないようになった。教養人たちは人生の価値がただ科挙に通るという狭い道や、励むべき聖業に就くほかないというわけではないことを発見した。一部の者は科挙を受け仕官したが、しかしそれは「三不朽」のためではなく、自ら任じた使命を行うため、あるいは生活の問題を解消するためである。一部の人は真面目に仕官したが、しかし本当の興味はそこにはなく、文芸その他の方面にあった。文芸なども名をあげれば、不朽の人となれるためである。

腕利きの職人は精巧で美しい工芸品を作り出し、士人と社会の歓迎を受けることから、職人の地位は名公や巨卿よりも高いと見られていた。よって昔の名公巨卿は早くも忘れられるが、一部の腕の立つ職人はその芸術作品と共に依然として人々の生活と記憶の中にある。

かつては「芸は徳より低い」と見られた技芸が今では不朽のものと見なされており、明らかにこれは新しい価値観である。伝統的な価値観に基づくと、「徳成りて上、芸成りて下」（『礼記・楽学』）、「徳行、本也、文芸、末也」（朱熹『四書集注・論語集注』第一巻）である。袁宏道らは、芸はもっとも優れたところに至りさえすれば、詩書、絵、囲碁・将棋、琴、蹴鞠などどれもみな不朽の芸術的価値を持つと考えた。これはあきらかに伝統的道徳人文主義的価値観の否定である。明代人は完全に芸術自身がもつ内在的価値について理解していた。一つの芸術品は無価値、あるいは大なり小なり価値があるが、それは優れた公卿や官吏の手元から出たか、市民の手元から出たかによるのではない。その芸術作品の品位が高ければ価値は高まり、反対であれば下がる。明時代の士人の芸術精神に対する崇拝――自由精神の聖歌である。

第四節　金聖嘆の「愉快なことではないか」

今我々は注意深く明末清初の学者が述べた楽しい時について鑑賞してみよう。十六、十七世紀の優れた文芸評論家の金聖嘆は「西廂記」についての講評のコメントの中で、かつて三十三種の自身がもっとも楽しいと思う時について一気呵成に書き上げた。これは金聖嘆とその友人が雨の降り続く中、廟で思案してできたものである。

一、七月の夏の日、赤々とした太陽が天にかかって動かず、風もなく雲もない。前庭、後庭はほとんど大きな炉のようなもので、鳥すら飛んでくることができない。全身から汗が滴り、縦に横に川のようである。食事が目の前に来ても胃が受け付けない。そこで家の者にござを地面にひかせ、横になりたいと思ったが、地面はじくじくと湿っており、軟膏と同じである。ハエもやって来てやかましく、私の首の上、鼻の上にのぼって追い払っても追い払えない。本当にどうしようもない時、突然空が暗くなり、すぐに車輪のような雨がごうごうと音を立てて、数百万の陣太鼓のごとく轟いた。軒から落ちる雨水は滝のようである。汗はただちにおさまり、地面の乾燥は一掃され、ハエもいなくなり、食事ものどを通るようになった。なんと愉快なことではないか。

二、十年会っていない友人が黄昏時に突然やって来た。門を開けて招き入れ、礼が終わり、陸路を来たのか船出来たのか、また布団の上に座ってもらうか寝台の上に座ってもらうかも言わないうちに妻の部屋へ入って、丁重に妻に言った。「どうにかして蘇東坡の妻のように一斗の酒を用意できないものかね。」妻は喜んで金のかんざしを髪から抜いて私に手渡した。換算してみると三日分の酒を用意できる。なんと愉快なことではないか。

三、がらんとした書斎に一人座り、ちょうどいつも夜になると枕もとに現れる鼠に悩み煩っていた。そのユニークな音が私の何をかじっている音なのか、びりびりという音が私のどの本を破いている音なのかわからない。心の中であれこれ疑ってみたが、どうすればいいのかもわからない。すると突然、獅子のような一匹の猫が現れた。目を見開き、尾を揺らし、何かを見ているようである。声を止め息を殺して再び待っていると、風のように素早く走り、ちっちと一声上げたその鼠が消えていなくなった。なんと愉快なことではないか。

四、書斎の前のハナカイドウ、ハナズオウなどの木を抜いて、百二十本の芭蕉を植えた。愉快なことではないか。

五、春の夜にさっぱりとした仲間たちと楽しく飲み、ほろ酔い加減になった。飲みたくないというのはだめだが、飲もうにも酒がのどを通らない。横の私の意を察した男の子が突然爆竹を差し出した。そこで私は身を起こして席を立ち、爆竹に火をつけた。硫黄の香りが鼻から頭の中に入って行き、ただちに全身が心地よくなった。なんと愉快なことではないか。

六、街をぶらついている時、二人の貧乏書生が青筋を立てて一つの道理について激論を戦わせており、不倶戴天の敵同士のようだった。拱手の礼をし、腰を低く曲げながら、字面ばかりにこだわって真髄を理解しない論争だった。二人はくどくどとしゃべり続け、年中しゃべり続けても終わらないようなありさまだった。その時突然、壮年の男が腕を振り回しながらやって来て、威勢を張って一喝し、二人の論争を断ち切った。なんと愉快なことではないか。

七、若者たちがすっかり本を暗唱し、全く欠けた所がない。愉快なことではないか。

八、食事の後、やることもなく街をぶらついていた、小さなおもちゃを見つけ、ちょっと遊んで買うことにした。すでに取引は成立したのだが、手持ちが値段に少し足りなかった。商人は値下に同意しない。そこで袖から銀を取り出して、先ほどの差の分を商人に投げてやった。商人はすぐに笑顔に変わり、拱手の礼をした。なんと愉快なことではないか。

九、食事の前に暇になり、ぼろぼろの小箱をひっくり返した。新しいまたは古い借用書が数十、数百出てきた。金を借りた人はある者は死に、ある者はまだ生きているが、しかしどれも金は返ってこないだろう。そこでこっそり火をつけてすっかり燃やしてしまった。天を仰ぎ見るとひっそりとして雲一つない。なんと愉快なことではないか。

十、夏の日、髪の毛を振り乱し、裸足で日傘を持って、屈強な男が呉の歌を歌いながらはねつるべを踏むのを見る。水が逆巻き、銀色の雪が転がるようだ。なんと愉快なことではないか。

十一、朝目覚めてすぐ、家の者がため息まじりに昨晩誰々が亡くなったという声をかすかに聞いた。急いで人を呼んで聞くと、なんと死んだのは城中で最大の謀略家だった。愉快なことではないか。

十二、夏朝早く起き、他の人があばら家の下で大きな竹を切って桶を作っているのを見る。なんと愉快なことではないか。

十三、天気が悪い日がまる一カ月続いた。酔ったような、病んだようなありさまで、全く眠れない。

突然、鳥の群れが一斉に鳴き、空が晴れた。急いで手を伸ばしすだれを引き上げ、窓を開けてみると、日光がかすかにきらめいて、林の木が洗われたようである。なんと愉快なことではないか。

十四、夜聞くところによると、なにがしという人が飾らない人だという。翌日試しに訪問してみた。その家の門をくぐってこっそり寝室を見ると、文机の前に座り、南の方を向いて文章を読んでいた。その人は客が来たと聞いて、黙って拱手し、袖を引き私を座らせ言った。「あなたが来たからには、一緒にこの文章を読みましょう」。そこでその人と笑い合い日没に至った。この時その人は自分が空腹を感じ、そこでゆっくり客に言った。「あなたもお腹が空いたでしょう」。なんと愉快なことではないか。

十五、もともと家など建てたくなかったが、たまたま余分の金を得たので、建てた。この日から始まって、木材だの石材だの、瓦だのレンガだの、釘だのと朝となく夜となく騒がしい。しまいには金がなくなり、家を建てるために食べるものにも事欠いた。しかしなお住める家はない。ただ命のように安んじるより他ない。突然、なんと家が完成した。そこで壁を磨き地を掃いて、窓を塗り絵をかけた。職人が皆決算し終わり出てゆくのを待って、志を同じくする友人たちと寝台に並んで座った。なんと愉快なことではないか。

十六、冬の夜、酒を飲んでいた。飲めば飲むほど冷えてくる。窓を開けて見ると、手のひらほど大きな雪だった。すでに三、四寸積もっている。なんと愉快なことではないか。

十七、夏の日、赤い大きな皿を使って、濃い緑色のスイカを自ら切った。なんと愉快なことではないか。

十八、長く僧になりたいと思っていたが、公然と肉を食べることができなくなるのは辛い。もし僧になれて、公然と肉も食べられるなら、このような夏の日に湯を持って、よく切れる刀で髪などきれいに剃ってしまうのだが。なんと愉快なことではないか。

十九、陰部にできものが三、四個できた。すぐに湯を持ってこさせて、門を閉じて水浴びをした。なんと愉快なことではないか。

二十、箱の中に無意識に故人の筆跡を見つけた。なんと愉快なことではないか。

二十一、貧しい読書人が銀を借りに来た。申し訳なさそうに口を開き、ああ、とかうん、とか関係のない事を言っている。私はその読書人の言いづらさを察して、誰もいない所に連れてゆき、いくら必要なのか問うた。それを聞くと急いで部屋に入り全額渡した。そして再度すぐに帰らなくてはならない用事を尋ね、少し引きとどめて酒を共に飲んでから帰らせた。なんと愉快なことではないか。

二十二、小舟に乗って大きな風に遇い、苦労なく帆を広げ気持ち良かった。突然一艘の大きな船を見つけ、その船は風のごとく走って行った。試しに鈎をつけてこの小舟を曳かせようとした。意外にもちょっと曳いた。そこで小舟をその大船の船尾にとも綱で括りつけた。口中で杜甫の「青惜峰巒、黄知橘柚」の句を高吟した。心ゆくまで大笑いした。なんと愉快なことではないか。

二十三、住むところをかえて、友人と住もうと思ったのだが、いい家が見つからない。突然ある人が部屋の多くない家があると言った。大体十部屋ほどで、大河に面しており、よい木が青いのだという。そこでこの人と食事をし、家を見に行った。まだ家がどうか見る前に、門に入ってすぐ空き地があるのを見た。六、七畝ととても大きく、畑づくりに困らない。なんと愉快なことではないか。

二十四、異郷暮らしが長く、やっと帰ってきた時、遠く城門を望み、両岸の子供、女性が皆土地の言葉で話していた。なんと愉快なことではないか。

二十五、いい磁器がすでに壊れてしまった。修理の方法もない。ひっくり返してみても、ただ人の心を苛立たせ、思い煩わすだけである。そこで厨房の者に雑器として使うように言いつけたので、永遠に壊れた器を見ることはない。なんと愉快なことではないか。

二十六、聖人でもないのにどうして間違いを犯さずにいれようか。夜無自覚にこっそり私事を済ませた。朝起きて胸がドキドキし、心が安らがなかった。突然仏教の布薩のことに思い至り、隠し立てせず懺悔した。これにより次の日、皆やよく知ったあるいはよく知らない客人に思いきり自分の過ちをしゃべった。なんと愉快なことではないか。

二十七、人が筆をふるって「大」の字を書くのを見る。なんと愉快なことではないか。

二十八、障子の外に蜂を放してやる。なんと愉快なことではないか。

二十九、県の長官になって、毎日役所からひける時の太鼓をたたく。なんと愉快なことではないか。

三十、他の人の凧が揚がって、揚がって、突然糸が切れた。なんと愉快なことではないか。

三十一、野火が燃えるのを見る。なんと愉快なことではないか。

三十二、借金を返し終わった。なんと愉快なことではないか。

三十三、「虬髯客伝」を読む。なんと愉快なことではないか。

哀れなバイロン卿は、もっとも愉快な時はその一生の内たったの三度しか記憶にないという。もしバイロン卿が病的状態あるいは心が不安定な詩人でなかったら、それはきっと当時欧州で流行っていたうつ病の影響を受けていたのだろう。さもなくばせめてもう少し愉快な時が多かったはずである。この一点においてはバイロン卿よりも金聖嘆の方がより聡明である。明代人の理解に基づけば、世界は人生における盛大な宴会ではないか、どうして感覚器官を使って思う存分楽しまないのか、ということである。明時代の文化と明代人は同じように優れており、明代人に感覚器官の楽しみの存在を率直に肯定させることができる。偽の道学はこの満ち満ちた楽しみや素晴らしい世界を見えないように装い、この絶対倫理主義が他でもなく人々の精神を過敏にさせた原因である。明時代中期の哲学も文学も比較的人間性にかなう真理を叫び探しており、この種の真理は我々の「身体」が質の高い快楽の器であることを信任し、それは一切の軽視の感覚と怖れの感情の心理を一様に排除した。もし哲学者が物質の本来の性質を変えることができないならば、我々の体を神経、味覚、聴覚、色覚および触覚のない死んだものに変えることもできない。もし我々が徹底した禁欲主義あるいは犬儒的な苦行をやりきれないとすれば、それは我々が必ず勇敢にこの現実、世俗的人生と向き合わなくてはならないということである。ただ現実にある世界を肯定してやっと本当に楽しい世界がある。このような哲学だけが合理的であり、人間的であり、健全である。

これが明代人の楽しさに対する理解である。

第五章

酒、茶、詩、書画、囲碁・将棋、そして琴

第一節　教養人たちの「酒神」精神

中国の酒文化と中国の教養人文化は普遍的な関係がある。中国の教養人は多くが酒を好み、隠遁した名士はとりわけそうである。教養人の飲む酒量は多かったり少なかったり、大きく飲んだり小さくついで飲んだりと分かれるが、しかし皆酒と切っても切れない縁があり、また皆酒を飲む高雅な興趣がある。名士の飲酒は多くの人々と異なり、飲む量を争うのでなく、酔う中の興趣に着目している。とりわけ着目しているのは、酔う中で世俗を超越する気概である。がぶ飲みする者が興趣があるとは限らず、田舎おやじのそしりを免れない可能性がある。嵇康、阮籍も狂ったように飲むことを好み、李白もまた好きだった。しかしながら嵇康は酔うとへべれけになったと史書に書かれているが、李白は「酔中之仙」と称された。酔った時の効果が違うので、当然張飛、李逵のどんぶりで酒を飲む趣とは異なってくる。李逵のような武人は酔うとののしったり暴力をふるうのではなく、事をしくじるのである。これは泥酔であって、酒に酔うのとは違う。いわゆる名士の「酒の興趣」というのは、酒の感情を高ぶらせる力と麻痺させる力を借りて、インスピレーションを触発するのである。そして少しも邪魔されず、縛られず、その天分と能力を発揮するのである。これは平時にはなかなか見られない奇跡である。泥のように正体をなくすほどに酔い、姿は死んだ豚のよう、あるいは酒の力を借りて同席者を口汚くののしったり、嘔吐し散らかし放題なのは、飲酒後の醜態であり、例え酒に強いといえどもこれまた趣がない。「酒は少し酔ったくらい、花は五分咲きの頃」、これが味わい深いのである。

中国の教養人は飲酒後、酔ったような酔わないような状態の中で、自分の才気を最大級に発揮し、ついに中国酒文化の特殊な美を形成したのである。

酒文化は中国において古く、夏、殷、周の三王朝で、上級貴族の生活の中で流行していた。当時酒は主に軍隊、祭祀および国の祝典において用いられ、礼楽文化を構成する一部分となった。この習慣は戦国時代を経て、前漢、後漢に引き継がれた。漢時代の鄒陽、揚雄、主粲鈞は「酒賦」を作っており、その中から漢代教養人の酒に対する品行を見ることができる。

漢時代の人々は儒教を敬い、礼を重んじた。飲酒に節度があるよう気を付け、楽しみながら度を越さず、「庶民は楽しみをもって、君子は礼をもって」（「酒賦　鄒陽」）酒を飲んだ。これが儒家の酒の品性（酒徳）である。酒と教養人、文学の誕生には密接な関係があり、魏晋時代に盛んに興った。当時儒家の道徳観は危機に瀕しており、老子・荘子思想が盛んだった。老子、荘子の自然主義は幅広く士人に受け入れられていた。酒はその頃の名士たちの生活に欠かすことのできない一部分となっていた。嵇康、阮籍、劉伶らの竹林の七賢は皆節度なく飲み、酒神の力を借りて、心の中の苦悶を吐き出し、内心の孤独、幻のような生命体験を言葉にし、表現した。劉伶はかつて『酒徳頌』で、酒神の偉大さと酒壺中の世界の自由を称えた。酒は君臣の上下をなくし、礼法の縛りを突き破る。「世説新語・任誕」にこのような話が載っている。

「劉伶は二日酔いで、のどがひどくかわいたので、妻に酒を求めた。妻は酒をすて、酒器をこわし、泣きながら諫めた。「あなたはあまりにも飲みすぎです。養生の道からはずれています。どうぞ、きっぱり酒を断ってください」。劉伶はいった。「たいへん結構だ。だが、わしは自分に力では禁酒できないから、ひたすら神に祈り、誓いを立てて断つよりほかない。すぐに酒と肉とをととのえてくれ」。妻は答えた。「かしこまりました」。神前に酒肉を供え、劉伶に願をかけるようにうながした。劉伶はひざまずいて祝詞をあげた。「天は劉伶を生みたまい、酒をもって名を成さしむ。一たび飲めば一斛、五斗ならば悪酔いざまし。婦人の言は、心して聞くべからず」。そのあとすぐに酒を引きよせ肉を食い、陶然としてすっかり酔っぱらってしまった（「任誕」）

（『中国古典文学大系九巻　世説新語　顔氏家訓』森三樹三郎訳、平凡社）。

ここから魏晋時代の人々の気質をうかがい知ることができる。

魏晋時代以降、酒は名士たちの文学創作の触媒となった。酒を離れては、魏晋文学、唐詩、宋詞は大いに見劣りしてしまうだろう。酒の神は魏晋六朝、唐宋詩文の魂となった。酒の神の力を借りなければ、建安文学、西晋東晋文学、唐詩、宋詞がどうなっていたか全く想像もつかない。また王羲之がその有名な『蘭亭集序』の中で、会稽の名士たちが蘭亭においてお祓いの集会での飲酒し賦詩を作る盛況ぶりを記している。

もし酒がなければ、酒の神が場を盛り上げなければ、蘭亭の集会も行われず、茂った竹林や激しい水しぶきをあげる清流から「楽しい」や「悲しい」という変化に富んだ情緒の起伏も起きなかっただろう。また山水の美と生命の意識がよく調和することもなかっただろうし、蘭亭詩集も生まれなかっただろう。さらにはこのとても感情豊かな調べと哲理の千古の名文も残ることもなかっただろう。この詩は完璧で魅力に富んでいる。

魏晋唐宋時代において、多くの教養人が酒をもって詩を作り、詩をもって酒をうたい、一種の奇異な文化現象となった。酒は文学を発酵させる酵母となった。ここからこの時期の詩歌は酒の香りを放っているものが少なくなく、多くの味わい、心情がある。陶淵明の田園での詩を作り酒を飲むことは、淡泊で上品な趣があり深遠で、人に尽きない後味を残す。謝灵運の山水における詩と酒は情景、味わい共に美しく、宮廷での宴の美酒のようだ。嵩山が代表する要塞における詩と酒は、大砂漠の中で古の教えに沿って壮士が心ゆくまで酒を飲むさまである。李白のロマンティックな詩と酒は、闊達さと豪放さが一つのかまどの中で融け合い、五粮液（五種類の穀物から造った白酒）の濃厚な香りが漂っている。杜甫の作り出した庶民的な詩と酒は、上は国難を憂え、下には民衆を心配し、心の中の苦しい味わいの中で陳年老酒の酒蔵のような芳醇な香りがする。酒の神がいなければ、中国教養人の感情の起伏もなく、これらの文学という美酒もない。酒は文学を刺激するだけでなく、文学による直接的な描写の対象ともなった。杜甫の「酔中八仙歌」は李白ら八名の文学仲間が酒に酔う境地を直接描いた作品である。この詩は簡潔な描写の形をもって、賀知章、王進、李適之、崔宗之、蘇晋、李白、張旭、焦遂ら八名の酒仙の酒量、酒興と酔った時の状態を生き生きと描いている。この詩を読むと、人はいつも盛唐時代に誘い込まれ、唐の人々の活発で自然な生活の雰囲気を窺い知ることができる。李白の五言古詩「月下独酌」はさらに酔いの中における生命体験を描写した佳作である。

花を前に月の下独酌をするというのは、本来極めて静かで寂しい境地だが、かえって詩人が非常に愉快に騒いでいるさまを際立たせている。作者はもともと孤独で寄る辺ない身だが、李白は酔いの中で明月と影に呼びかけ、麗しい夜の酒の友とし、共に心ゆくまで飲み、歌って踊った。春のロマンあふれる中を行楽に出かけ、無情で淡泊な付き合いを永遠に結んだ。李白は自分が酔ったのか、それとも月と自分の影が酔ったのかわからなかった。このような酔っているようで醒めているような、自分があるようでまたないような生命体験は、酒の力がなければ体験するのは難しい。この詩は我々に「胡蝶の夢」の物語を思い起こさせる。荘子は蝶になる夢を見た。突然夢が覚めて、蝶は荘子になった。荘子が蝶になったのか、それとも蝶が荘子になったのかわからなかった。荘子はぼんやりしていた。李白は酔いしれていた。我々も荘子と李白と共に美を理解する境地の中で、二人の孤独と陶酔を感じよう。

その実、中国人の飲酒、特に中国教養人の飲酒は決して飲み食いの快楽を満たすためのものではなく、また酔うことで憂さを晴らすだけのものでもない。それは本来の状態の生命体験を得るためのものであり、精神的自由を得るためのものだ。これを「酔翁の意は酒に在らず」という。宋時代の大文豪、欧陽脩はこの点について説明している。欧陽脩は酒を飲むことが好きだっただけでなく、酒を造ることもできた。「酒経」を書きあらわし、酒造りの道にも十分精通していた。

酒は一種の精神であり、文化である。酒は火がついたように激しく、水のように優しい。酒は人と自然、山水の間にある距離を溶かしてしまい、人と人を隔てている妨げも溶かしてしまう。欧陽脩を地位の上下、天地が同源であるという生命体験の中で物思いにふけらせ、「独り天地の精神と往来」するという自由の境地に入らせた。

酒は人の感情を引き出すことができ、人と人を近づけ、人と天地万物の距離を縮める。朦朧とした状態の中に自己の生命と天地万物が一体になるのを感じ、情緒の高ぶりの中で心の抑圧を発散させ、山水自然の美を心の内に引き込み、心の内の感情を天地万物に変え、「酒壺の中の世界」という広大で素晴らしい場所をここに現す。この素晴らしいところが酒の魅力である。三国時代の豪気な詩人であり、勇猛果敢な野心家である曹操は、「知歌行」の中で、歌と酒の中においては、東へ西へと中国統一に焦る自分が人生の苦しさや短さを忘れられ、心の落ち着きを得られると歌っている。もし、酒を飲むことにこのような効果がなければ、ただ酒を飲みアルコールで自分を酔わせるだけであれば、それは酒を飲んでいるだけで、「飲酒」や「酌をする」とは言えない。このような酒を飲んでいるだけの人にとっては、酒は腸を通って行くがさつ者でしかなく、「酒の神との対話（という飲酒）」とは言えない。

では、もし酒の神がどこにいるのかと問えば、それは中国人の美を理解する世界にいるのである。中国人の心の境地を潤すものはもう一つある、それが茶である。

第二節　茶は一種の智慧

中国は茶の故郷であり、茶文化の故郷である。中国人の茶を飲む習慣は昔から普遍性がある。上は宮廷の貴族から下は庶民に至った。中国人がいつ茶を知り、飲み始めたのかもはや考えることはできないが、少なくとも戦国時代（一説には漢時代）に作られた『神農本草経』の中にすでに茶の記載が見られる。「神農氏は百の草を嘗め、一日に七十二もの毒にあったが、これを茶で解毒した」とある。茶の歴史、源流、種類、製法は筆者がこの本を書く目的ではないので、ここでは茶と中国人の生活における情趣の関係および中国の士人の生活に与えた影響についてのみ検討するべきであり、したがって扱うのは狭義の茶文化である。

茶は一種の智慧であり、酒と同じように一つの感情である。中国文化には昔から陰陽という相補い合う異質で同構造の性質のものがある。茶は水に属し、性質は主に陰柔である。酒は火に属し、性質は主に陽剛である。酒は感情を調整し、茶は人の理智に染み込んでゆく。酒は熱烈さを象徴し、茶は淡泊さを象徴する。酒は万物の距離を近づけるが、茶は人の心を安らかにし、集中させる。道家のいわゆる「以理化情（理解によって感情を弱める）」は茶をもって酒を解くと理解できる。もし我々が形而上の精神的なものを茶文化と酒文化として探そうと欲するならば、荘子の哲学は酒精神の源であり、老子の哲学は茶の智慧の根源であると言って差し支えない。荘子の哲学と酒の神の精神はここでくどくど述べはしない。

我々はひとまず老子の智慧を見てみよう。

「虚を致すこと極まり、静を守ること篤し。万物並び作り、吾れ以て其の復るを観る。夫れ物の芸芸たる、各おの其の根に復帰す。根に帰るを静と曰い、是を命に復ると謂う。命に帰る常と曰い、常を知るを明と曰う。常を知らざれば、妄作して凶なり。常を知らば容なり、容ならば乃ち公なり、公ならば乃ち王なり、王ならば乃ち天なり、天ならば乃ち道なり、道ならば乃ち久し。身を没するまで殆うからず。」

（『老子　第十六章』蜂屋邦夫訳注、岩波書店）

「曲がれば則ち全く、枉まれば則ち直く、窪めば則ち盈ち、弊るれば則ち新たに、少なければ則ち得、多ければ則ち惑う。是を以て聖人は一を抱きて天下の式と為る。自ら見ず、故に明らかなり。自ら是とせず、故に彰わる。自ら伐らず、故に功有り。自ら矜らず、故に長し。夫れ唯だ争わず、故に天下能く之と争う莫し。古の所謂曲がれば則ち全しとは、豈に虚言ならん哉。」

（『老子　第二十二章』蜂屋邦夫訳注、岩波書店）

なんと冷静な理智だろう。老子の道徳経五千字を注意深く味わってみると、老子と荘子はどちらも道家に属すが、その性格は大きく異なると感じる。荘子は鷹揚で豪放に自適な言葉を用い、自由自在さを語り、万物を一とし、人類の理智の有限性を嘲笑し、そして完全に一切の矛盾を取り除いた。「独り天地の精神と往来」するという言葉は、酒神の精神が広く寛容なことを具体的に表している。老子は全くこのようではない。老子は剛に克つために柔を語り、「為さざるはなし」のために「無為」を語った。争わないことをもって「天下に能く与に争うもの莫し」とし、「無」をもって「有」を制した。小智が聡明に見えるのに対し、大智は愚かなようだと語った。老子は狡猾に「道」を用いて自己の中に包み隠しておき、「国の利器は以て人に示す可からず」と語り、十二分に理智的であることがはっきりしており、老子は人生の裏側に立って人類の秘密を明らかに見ていたが、かえって何も知らないかのように装っていた。これが帝王の意識の手本であり、官吏文化の秘密の全てである。
老子は「水」に対して特殊な関心を持っている。「水」をもって玄徳と上善に例えることを好み、水を最上の智慧だと考えた。例えば、

「上善は水の若し。水は善く万物を利して争わず、衆人の悪む所に処る、故に満ちに幾し。」（『老子　第八章』）
「天下の至柔は、天下の至堅を馳騁す。」（『老子　四十三章』）
「清静は天下の正となる。」（『老子　四十五章』）
「天下に水より柔弱なるは莫し。而も堅強を攻むる者、之に能く勝る莫きは、其の以て之を易うる無きを以てなり。弱の強に勝ち、柔の剛に勝つは、天下、知らざる莫して、能く行う莫し。」（『老子　七十八章』）

（『老子』蜂屋邦夫訳注、岩波書店）」

水は形の上では、天下でもっとも柔弱な物質であり、まるで自分の意志と言うものが全くないようで、東のせきを切れば東に流れ、西のせきを切れば西に流れる。円ならば円の形に従い、方形ならばその形にならう。どんなに低く暗い所にも流れてゆく。流れられない所へ着くとじっとして動かない。この柔弱なものはまさに天下万物の大徳である。その柔弱さゆえに鋭い剣でも切ることができず、反対に水滴は石を穿つことができ、堤防を決壊させて山を倒す。これが「天下の至柔は、天下の至堅を

馳騁する」（『老子　第四十三章』蜂屋邦夫訳注、岩波書店）であり、「夫れ唯だ争わず、故に天下能く之と争う莫し」（『老子　第二十二章』蜂屋邦夫訳注、岩波書店）の道理である。孔子も「水」を智者の象徴と考えていた。「仁者は山を楽しみ、智者は水を楽しむ」と語っている。老子の哲学は実際のところ水の哲学であり、如才ない大智慧である。その哲学は静かで淡泊かつ理智的である。茶道が体現している智慧はここを源流としている。

荘子の道は酒であり、感情であり、火が上がったようで、荘子の酒は欲しいままに自己を燃やしながら自分を万物の中に溶かしてしまう。これはすなわち「天地の正に乗じて六気の弁（変）に御し」である。老子の道は茶であり、智であり、潜ってゆく水のようだ。老子の道はゆったりと変幻し、巧みに万物の後ろに自己を隠してしまう。荘子は自己を万物に溶かしてしまいたかったので、万物斉同を唱えたのであり、非難はしない。老子は自己を万物から切り離し、それにより虚を致し静を守り、一掃して物事を深く見極めた。老子は冷静かつ狡猾に世界の反対側に立ち、万物が煩雑な紛争の中で死に向かってゆくのを観察した。

官吏文化に覆われた世界での生活は、教養人によく抑圧と苦悶を感じさせる。よって酒の力を借りて孤独から抜け出し、自己と万物を近づける必要があった。一旦自己の胸の内を開け放し、自分の本性を露わにして、そしてまた不安になる。そこでまた茶を用いて自己を醒まし、荘子から老子に変身する。中国人、特に中国教養人は老荘の道の原因がここにあることを好み、酒を飲んだ後に茶を飲む妙はここにある。酒の刺激は教養人たちの優れた素質をさまざまな姿にさせ、五色にきらめく詩、詞、歌、賦、書画や優れた作品を残させた。茶の浸潤は教養人を理智的な状態の中で、人生のさまざまな味を品評し深く味あわせた。中国文学史をひも解いてみると、歌、賦、詩、詞のおおかたが酒の香りを放っており、茶の趣の中で書き出された詩歌は極めて少ない。茶を飲む時、教養人たちは多くが雑談をし、対して重要でない話をする。このような雑談は、酒に酔った時の清談ほど率直ではないが、しかし高度に頭がはっきりしているので、例え些細な記憶でもそれまた別の味わいがある。

明清時代の教養人の所作についての散文あるいは世間の様子が書かれた小説には、教養人が酒を飲んだ後茶を飲む描写が多くある。これらの場面はのんびりとしてつまらないが、それがかえって味わう価値があるのである。清の時代の劉鶚が書いた『老残游記』の中には至る所にこのような描写がある。例えば第九回では、もともと主人の老人が、まさにはばかることなく官吏や名士の腐敗と理学家の嘘偽りをとても率直に論じていた。これは酒の後の真情の露見である。しかし茶を飲み始めると、場面はすぐに非常に単調となる。この場面では茶道具、茶の味、茶と水および客人が茶を飲む感覚が真に迫って描写されているが、妙味はそこにはない。その妙は、子平と店員の女子とのつまらない話の心理にある。子平は教養人である。気まずさを解くため、茶がおいしいと言った。すると店の女子は野茶の味について詳しく語り、明らかに思わせぶりな態度で自分の心の内を表した。しかしお互いに率直に言うことはしない。この種の婉曲、理知、含みは飲茶の時だけが十分に表現できる。もし酒の席であればまた違った場面になるはずである。

教養人が茶を飲むのは、一般人が水を飲むのとは違う。茶を飲むことには高い芸術的な楽しみがある。それは「飲む」ことにあるのではなく、「品評」することにあり、「品評」のなかの「淡さ」を貴ぶのである。ここから茶を飲み賞味することは中国人、特に教養人にとっては、静かで淡泊な、俗っぽさを超脱することを意味し、衆人は皆濁っており、自分だけが清らかであることを意味する。そしてそういったことは言葉で明らかにする必要はなく、教養人の心の内はこのように表現しなくてはならないが、しかし口の中では依然としてつまらない「茶」である。これが中国文化と中国教養人の茶趣である。茶趣と酒の神は異なり、中国人の生活風情の別な一面である。これらを理解するため、我々は唐時代の陸羽の『茶経』を読むが、明清時代の散文、小品、読書のメモ、張岱の『陶庵夢憶』、李漁の『閑情偶記』、袁宏道の『袁中郎随筆』、清時代の沈复の『浮生六記』の類には及ばない。袁中郎は『恵山後記』の中で自分の茶癖を書いている。

宋明時代の士人は商業経済の発展と社会気風の変化にともなって、そのほとんどが世俗的な快楽を避けけなくなった。士人たちはよく禅僧、商人、妓楼の妓女にまぎれこみ一緒になって山間の渓流、閑静な隠居どころで酒を飲みながら詩賦を作り、書評を聞き、芝居を観て、小説を読み、コオロギを戦わせ、思う存分世俗的な快楽を享受した。しかしながら士人たちの孤高さは邪魔されることがなかった。士人たちは孤高であることには二つの形しかないと標榜した。一つは官界に飽き飽きしながら、政府機関に自己が縛られていると言い、公文書に耐えられないと思いながら、首枷をつけられ繋がれた衆人のごとく云々する。二つ目は友人と共に将棋や囲碁を指し、茶を賞味することである。茶道では色は「混じりけなく澄んでいる」こと、味は「淡泊」であることが重視され、将棋や囲碁では心は「休んで」おり、精神は「楽をする」ことが重んじられた。これは「清流」の象徴ではないだろうか。袁中郎は呉中（蘇州）で出仕をしていた頃、いつも愚痴をこぼし「いらだつ」と言っていた。官職を辞任した後、急に身が軽くなったと感じ、恥ずかし気に自分の志が遠く高い、淡泊さにあり、かえって茶を賞味することが酒を飲むことより優れていると語った。これには教養人の含みがあり、もし思うことをそのまま出していたらいささか上品さにかける。茶趣の美はここにある。

茶は滞りやわだかまりを解き、精神を落ち着かせる効果があるので、道教の道士や仙人、禅僧などが好んだ。南朝の道家で医者の陶弘景は茶を理解し、愛した茶仙人であり、なおかつ『茶録』の中で茶の健康への効果についても論じている。五代唐宋時代の高僧の中には茶が好きでやめられなくなった者が数えきれないほどいる。ゆえに「昔から僧と道家は闘茶を好む」という説がある。唐時代の詩僧である釈皎然は有名な茶を好む和尚で、その詩には多くの茶趣が取り入れられている。

皎然と陸羽はもともと僧と俗人であるが、茶という絆を通して身分を越えた交わりを結んだ。お互いに詩を作り唱和し、共に茶について論じ、茶文化史上の美談となった。

唐宋時代以後、中国人特に教養人は茶を飲むことを好むばかりでなく、茶道についても重んじた。茶を賞味する芸術である。ここでの茶道は作ることだけでなく、茶の入れ方、飲み方までを含んだ。

茶道芸術上でもっとも貢献したのは、「茶文化の聖人」である陸羽である。陸羽が書いた『茶経』は中国ないし、東方全体の茶道芸術の基礎理論を定めた。『茶経』は十章七千字あまりからなり、「源」「具」「造」「器」「煮」「飲」「事」「出」「略」「図」の十の方面に茶文化理論上の総括を加えている。一に曰く「源」は中国の茶の主要な産地およびその気候と茶の特性の関係。二に曰く「具」は茶を製造する道具について。三に曰く「造」は茶を摘み、製品化する方法。四に曰く「器」は二十四種類の茶の入れ方、飲む器について、いわゆる茶道具についてである。五に曰く「煮」は茶を入れる技法について。六に曰く「飲」は茶を飲むことと茶趣の品評。七に曰く「事」は茶の歴史、茶についての話。

八に曰く「出」は茶の産地ごとの等級について。九に曰く「略」は茶道具と茶器の使い方。十に曰く「図」は上記の内容を絵や図で示したものである。この他に陸羽の後に書かれた張又新の『煎茶水記』、蘇廙の『十六湯品』は皆茶道芸術を研究した重要な古典である。茶道の発達によって、中国人の飲茶の重視はこのように高度に達した。ただの楽しみではなく芸術になったのである。

茶と酒は中国人に重要な影響を与え、その人生観の一部分となった。

第三節　詩、書画、囲碁・将棋、琴

中国は昔から芸術の息吹に満ち満ちた王国であり、中国教養人はこの芸術王国の寵児であった。教養人の人生の中では、うまい肴や美しい服、豪邸や官位がなくてもよかったが、しかし芸術だけは欠かすことができなかった。とても早い時期から中国人は詩歌の中に理想を探し、書道の中に力強い風格を感じ、絵画の中に気品を味わい、囲碁・将棋の中にあらゆる俗世を忘れ、琴の中に生命を感じることを理解していた。

詩歌は中国人に一種の生活態度と人生の理想を教え、人生の思惟のあり方を教えた。詩の感化の下で、中国人は世の乱れを悲しみ、民の困窮を哀れむ意識を産み出した。そして詩は中国人に大自然に無限の深情を寄せ、一種の芸術的観点から人生を取り扱わせた。詩歌を通じて大自然を歌い、人々の心の傷を治した。詩歌を通して理想主義を教え、中国文化と中国人のための生活のために、神聖かつ純血な理想を維持した。詩は時にロマン主義を訴え、人々に個人の人生における孤独などどうしようもなさを超越させた。時に現実主義を訴え、人間の苦難や不平を激しく攻撃し、芸術の照り返しを通して人々の心を浄化した。詩は教養人たちに雨が芭蕉を打つ音、あるいは「秋雨がアオギリの葉に落ちる時」の音を静かに聞かせ、遠方の肉親を思い起こさせた。落日の残り少ない日の光に、月日の過ぎやすさを感じさせた。ホトトギスの鳴き声に遊歴の情を書き表させた。大砂漠での孤独、黄河の落日に人生の大志を託させた。詩は中国人に歴史の興亡、国家の治乱を理解させ、人生の真諦、歴史の意義と自身の責任を思索させた。詩を通して、中国人は理想の追求と人格の自覚を持った。詩は中国人に宗教に似た感情を育てさせた。

書道は「点」と「線」を用いたもっとも抽象的な記号から作り出された芸術だが、しかしそれは中国人、特に教養人から言えば、決して生気のない無味乾燥なものではなく、反対に絵画と同じように、豊かに美の理解を内包しているものである。書道の美学の要求に基づいて、一幅のよい作品は、筆運び、配置、構成、虚実、筆致、印鑑などにおいて非の打ち所がない域に達しなくてはならない。しかし書道の美学がもっとも根本的に求めるのは雄渾な筆致である。この点に欠ければ、書道は生命を失い美に達することができない。

ここで突出しているのは書道の命脈である雄渾な筆致である。王義之は衛夫人の指導に従い、併せて大自然の枯れ枝、高く力強い松などの事物の中で筆運びの力量と気勢を体で悟り、横にひく線を雲を並べるように、縦線を引くごとに重い大弓を放つようであり、点を打つごとに高い峰から石が落ちるようであり、一つの曲がりをつける度に鋼を曲げるようであり、また一つ引くごとにとても長く生きた枯れ枝のようにしたため、後代の人に「書聖」と称された。書体の点から言うと、線が均等かに関わらず、洒脱で流暢な秦の篆書漢の隷書、それとも豪放で素晴らしく、質朴で力強い北魏の石碑の文字、晋時代の模写、緩急が自由自在な隋、唐の行草、さもなくば自由に意を書いた宋明の書道か、時代が異なり書体も各々異なるが、しかし皆それぞれの時代を代表した書道の風格があり、皆異なった形で雄渾な筆致を表現している。中国人、特に教養人は書道を好み、それは決して書道の美観のためだけではなく、自己の気骨や節操を表現するためである。張旭が酔いの中で作った書の道理はここにある。

中国絵画は特に宋元以降文人山水画として成熟に向かい、書道と同様に、芸術的に中国人の人格や心を表現している。中国絵画はその西洋絵画とはまるきり異なった独特の趣と基調をもって世に名高く、このような違いは中国詩歌と西洋詩歌の中にも存在する。中国と西洋絵画の真美観の違いは、宗白華氏の「芸境」に非常に透徹した分析がなされている。氏は各文化芸術伝統の影響を受けるので、中洋絵画芸術が表現する「境地の階層」が異なるのだと指摘する。

西洋油絵は形を本物そっくりになるよう重ねるが、中国水墨画は気品と生き生きとしていることを追求する。西洋絵画の基礎はギリシャ芸術の最高形式――建築と彫刻である。高尚優雅であり、荘厳で質朴なアテネ神殿の形式美、ギリシャ彫刻の調和がとれ、均等がとれ、厳かで重々しい静かな人体美であり、凝固したような音楽であり、西洋絵画のひいては一切の芸術の「美」の原型となった。中国文人水墨画は、「書道をもって柱とし、詩境をもって魂とし」、抽象的で流動的な線と濃淡適切な水と墨で大自然生命の動きと形のリズムと韻律を表現する。

中洋絵画芸術の風格は異なり、中国文人と西洋芸術家の魂の境地およびそれにより表現する心の境地の空間意識も異なる。西洋人は自我のある境地に執着し、自我を中心とし、物我対立の中で外に向かって世界を認識する。絵画表現において、一個の「我」の外の空間の形（すなわち三次元空間）を形成する。中国文人は無我の境涯に入って行き、物我が偶然に一致する中で、山川草木ないし大自然すべての生命を体験する。絵画上の表現では、「我がその中にある」という一個の生命が溢れる流動的な空間を形成し、それは墨迹の外の「飛白」あるいは「道」である。ここにおいて、「立体的な静の空間は意味を失くし、それは二度と物体の筆画の配りに位置することはない。画の中の飛び動いている物体と「空間」は至る所でとけ合い、画全体に変化に富んでとらえがたい流動的なリズムを作り上げる。中国画の中の空白は万物の位置と万物の輪郭をすべて包括し、そして万物の中に溶け入れ、万象の動の変化に富んだとらえがたい「道」の中に加わらせる。よって、西洋画は荘厳であり、中国画は変化に富んでとらえがたい。

中国人は即興で画を描く時その画の中に表現したいのは純客観的な静物でも、また純主観的な自我でもなく、魂の美と山川草木の美がとけ合い一つとなった「生命の律動」、一種の「言いたいことを忘れる」審美観の境地である。中国文人は画を描くことを好み、また画を観賞することも好んだ。画は中国文人の敏感な芸術の魂と、俗世間と異なる人格の気概に徐々に染み込んでいった。倪雲林、朱耷、鄭板橋などは画を描く時、皆このような体験をしている。中国文人画の中には、石の固さ、竹の高潔な節操、梅のひねくれた傲慢さ、蘭のかすかな香り、菊の隠逸すべて画家の人格、心を写しており、その中に画家たちの生活と生命に対する理解と人生の理想への追求が満ちていると理解できる。

琴と囲碁・将棋も同様に中国人の、特に教養人たちの心の境地と生活の趣を表現している。中国古代世間を逃れ山林に籠った隠遁者は、ほとんどの者が琴や囲碁・将棋の教養があった。酒の後、琴を弾いて所感を述べ、茶の合間に碁を打って心を養い、それらは隠遁者たちの生活になくてはならないものとなった。漢時代の博毅、劉向、馬融らは皆「琴賦」を書いている。抑揚があり、厳かでもの静かな琴の響きの中、遠大な志、気高い身の処し方を歌い、自分の差異を認める人との出会い難さを悲しんだ。彼らは聞こえるリズムに陶酔しただけでなく、弦外の音も聞き、音符の高低を用いて宇宙、人生の真実を表現し、理想に対する渇望と志、節操の厳守を託した。囲碁・将棋の趣は琴の音のように流動的ではなく、深遠でもない。囲碁や将棋が表現するものは淡泊さと智慧である。劉向は「囲棋賦」の中で、その智慧について述べ、王粲は「囲棋賦序」の中でその淡泊さについて述べている。教養人は不遇を胸に抱く時、実際には千軍万馬を指揮することはできない。そこで盤の上で対決し、計略、兵法の極意を比べ合う。これがすなわち智慧である。教養人はやむを得ず隠遁しなくてはならない時、本来平静ではなく、転じて盤の上で、人間の歴史上の悲劇の英雄、多くの成功失敗を考え、たとえ一時悲壮であっても、一局の盤上の対戦に過ぎないと考える。道とは、天上人の一局の対戦に過ぎず、それは人間の千年に相当する。盤上の小世界の中で、中国人は天下の俗世間の煩わしさ、悩み煩いを忘れた。さらに智慧のある者は、琴を弾くことと囲碁・将棋での対戦の類似性を看破した。

琴と囲碁・将棋の楽しみはどうしても人を疲れさせるので、「(琴を)弾くのが好きなことは、聞くのが好きなことに及ばない。よく(囲碁・将棋を)さすことは、よく見ることに及ばない」という説がある。他の人が囲碁や将棋をさすのを見るのは、自分がさすよりさらに楽しく、他の人が琴を弾くのを聞くのは、自分が引くよりももっと気楽である。なぜなら疲れないからである。

古代、現代を問わず中国人は永遠に生活の中に芸術や美を必要としている、特に現代の商業社会の乱世の中では、もし我々が古風で雅やかな生活芸術を身につけたとしたら、現代人の平凡でありきたりな生活を非の打ち所のない美しいものに変えることができるだろう。

おわりに 「半半歌」が教え示すこと

民間のことわざにこういう言葉がある。「世間には堪えられない苦しみはない。逆に享受していられない幸福はある」。生活を真に理解した人は苦難を一つの経験として、財産だと考えるだろう。反対に、過度の幸福は頭をぼんやりさせ、節度を失わせる。老子は言う。「禍福は糾える縄の如し」。幸福は受け入れるものであり、貪るべきではない。表面だけをかじるべきであり、大きく用いるものではない。人間の幸福を享受し尽くしたら、しまいにはその人には何もなくなるということを誰が考えるだろうか。現代人がみな暇を見つけて、『菜根譚』を読み、「半半歌」を暗唱してみることを願う。それは幸せでない者の自信を増し、幸せな者をより聡明にさせる。

私は苦と楽というのは永遠に天秤の両方の皿のようなものだと信じている。それの絶対値は等しいのである。苦しみがあれば同じだけの喜びがあり、いくらかの喜びがあれば、それだけの苦しみを受けなければならない。余り有るものを損じて、足らざるを補うのが天の道だからである。『中庸』の原則に沿って生活をする以外に正常な生活はない。正常な生活以外に幸福で健全な生活はないのである。中庸の精神は人々に動と静において、苦と楽の間で平衡の取れた動きを保つことを求める。よって理想の人生とは、半分有名で半分無名、半分有為で半分無為、半分真剣であり半分気まま、半分世の中に入って行き、半分は世を逃れる。半分苦しみを受け、半分喜び、楽しみを享受する。半分は理想であり、半分は現実、半分は儒家の人生哲学に基づいて人のために、半分は老荘の自由主義哲学に基づいて解脱をする、というものだと私は思う。本はいつでも読むべきだが、しかし古今の事柄に精通する必要はない。事はいつでもするべきだが、客とのおしゃべりの予定を取り消す必要はない。友とはいつも交わるべきだが、その友に高い要求をする必要はない。誤りはいつでも改めるべきだが、そのために心が沈む必要はない。この半分進み半分退く中庸の精神こそ、本当の足るを知り常に愉快な精神である。

半分世の中に参加していく者がもっとも優れた実社会に入ってゆく者かもしれず、半分俗世を離れる者がもっとも賢明な世俗の超越者かもしれない。我々は世界において、何人かの「超人」がなくてはならないことを認めている。彼らがいなければ、誰が後世に残るものを作るのか。誰がそれほど多くの苦しみを体験するのか。また我々は世界には幾人かの大政治家、宗教家、英雄・豪傑がなくてはならないことも認めている。彼らがいなければ、誰が衆生を「救う」のか。誰が祭壇の上の生贄の味をみるのか。しかし、やはりもっとも楽しいのは多くの中くらいの智力を持つ人であり、「半半歌」を歌うことのできる凡人である。

「我々は平凡な世界の中で生活している。
凡人であってはじめて楽しい天の民であることができる。
我々はこの浮き世で生きてゆくことを定められている。
天国から携えてきた哲学をもってゆくべきである。」

著者　李 振綱（り しんこう）

政法学院教授、中国哲学史会理事、教育部図書情報工作委員会委員。長く中国古代哲学と伝統文化の教育、研究に携わる。著作は『証人之境――柳宗周哲学の宗旨』、『中国古代哲学史論』など。

監訳　日中翻訳学院

日本僑報社が2008年に設立。よりハイレベルな日本語・中国語人材を育成するための出版翻訳プロ養成スクール。
http://fanyi.duan.jp/

訳者　日中翻訳学院 福田 櫻（ふくだ さくら）**など**

福田 櫻　1988年生まれ。上智大学総合人間科学部心理学科卒業。大連理工大学に語学留学後、半導体関連の中国語和訳に携わる。日中翻訳学院にて翻訳を学ぶ。翻訳書に『習近平はかく語りき――中国国家主席珠玉のスピーチ集』（共訳）。

中国人の苦楽観 ――その理想と処世術――

2020年11月3日　初版第1刷発行
著　者　　李 振綱（り しんこう）
監　訳　　日中翻訳学院
訳　者　　日中翻訳学院 福田 櫻（ふくだ さくら）など
発行者　　段 景子
発行所　　日本僑報社
〒171-0021 東京都豊島区西池袋3-17-15
TEL03-5956-2808　FAX03-5956-2809
info@duan.jp
http://jp.duan.jp
中国研究書店 http://duan.jp

Printed in Japan.　ISBN 978-4-86185-298-5　C0036
The Chinese : On hardship and happiness　©Li Zhengang 2014
All rights reserved original China Peace Publishing House CO., Ltd.
Japanese translation rights arranged with China Peace Publishing House CO., Ltd.
Japanese copyright © The Duan Press 2020

★武吉次朗・明石康　両氏賞賛の名訳！

チーグアン・ジャオ 著　町田晶 訳　1900円＋税

元国連事務次長 明石康 推薦

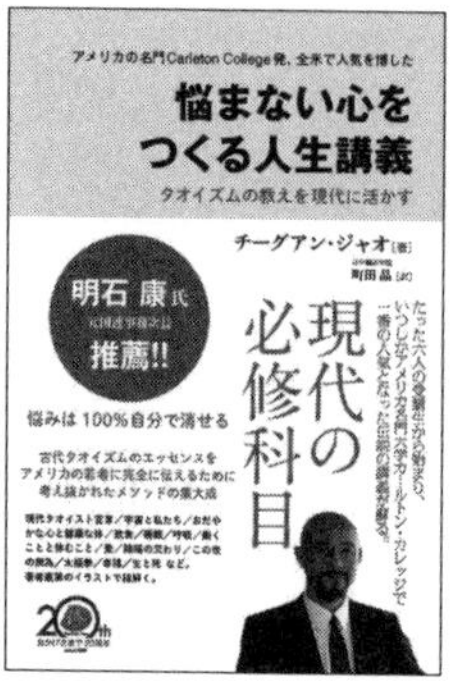

悩まない心をつくる人生講義
タオイズムの教えを現代に活かす

全米で人気、現代人のための老子思想

悩みは100%自分で消せる！　流れに従って生きる老子の人生哲学を、比較文化学者が現代人のため身近な例を用いて分かりやすく解説。

ISBN 978-4-86185-215-2

★完全日中対訳版

加藤直人 著　1900円＋税

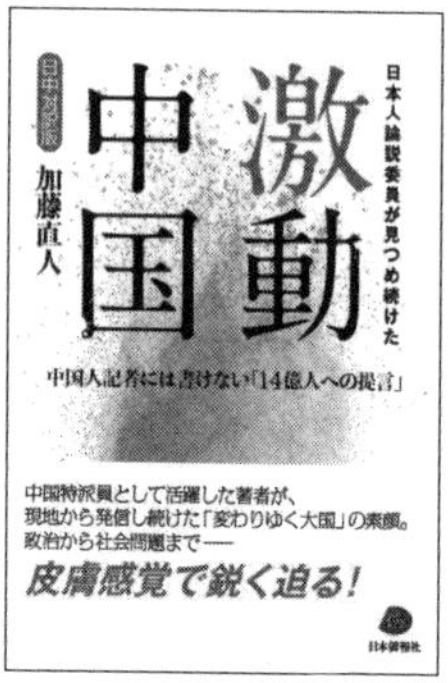

激動中国
中国人記者には書けない「14億人への提言」

「変わりゆく大国」の素顔

足かけ十年、中国特派員として現地で取材し続けた筆者による中国コラム・論説65本を厳選。政治から社会問題まで皮膚感覚で鋭く迫る！

ISBN 978-4-86185-234-3

★二〇二〇年新刊書籍

熊四智 著　日中翻訳学院 監訳

日中翻訳学院 山本美那子 訳　4800円＋税

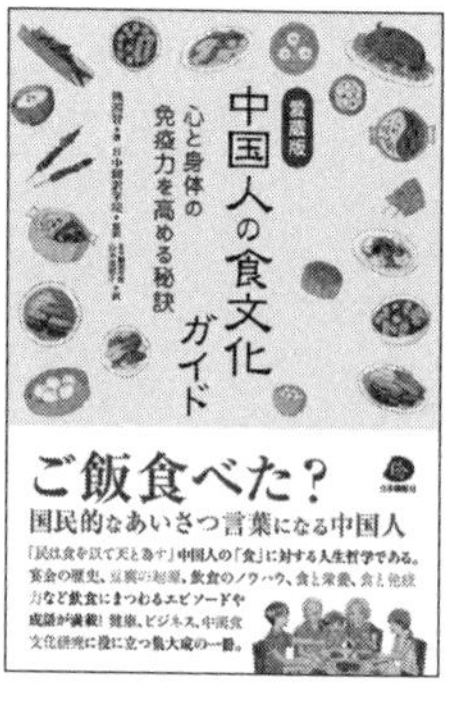

愛蔵版　中国人の食文化ガイド
心と身体の免疫力を高める秘訣

生きる上での多くのヒントを秘めた一冊

様々な角度から中国人の食に対する人生哲学を読み解く中国食文化研究の集大成。多彩な料理、ノウハウ、エピソードや成語が満載。

ISBN 978-4-86185-300-5

趙啓正、呉建民 著　日中翻訳学院 監訳

村崎直美 訳　1900円＋税

中国式コミュニケーションの処方箋

なぜ中国人ネットワークは強いのか

中国で「コミュ障」急増中!?　中国人エリートのため開かれたコミュニケーション力アップのための特別講義を書籍化した中国版「白熱教室」。

ISBN 978-4-86185-185-8